中华传统美德的现代转型与创新研究

于洪燕 ◎ 著

吉林出版集团股份有限公司
全国百佳图书出版单位

图书在版编目（CIP）数据

中华传统美德的现代转型与创新研究 / 于洪燕著.

长春 ：吉林出版集团股份有限公司，2024.8. -- ISBN
978-7-5731-5530-6

Ⅰ. D648

中国国家版本馆CIP数据核字第2024H7H709号

ZHONGHUA CHUANTONG MEIDE DE XIANDAI ZHUANXING YU CHUANGXIN YANJIU

中 华 传 统 美 德 的 现 代 转 型 与 创 新 研 究

著　　者	于洪燕	
责任编辑	张婷婷	
装帧设计	朱秋丽	
出　　版	吉林出版集团股份有限公司	
发　　行	吉林出版集团青少年书刊发行有限公司	
地　　址	吉林省长春市福祉大路 5788 号（130118）	
电　　话	0431-81629808	
印　　刷	北京昌联印刷有限公司	
版　　次	2024 年 8 月第 1 版	
印　　次	2024 年 8 月第 1 次印刷	
开　　本	787 mm×1092 mm　1/16	
印　　张	13.5	
字　　数	235千字	
书　　号	ISBN 978-7-5731-5530-6	
定　　价	76.00元	

前　言

中华民族历经数千年的文明沉淀，形成了独具特色、博大精深的美德体系。这些传统美德，如仁爱、诚信、礼义、智勇等，不仅是中华民族的精神标识，更是维系社会和谐、推动历史进步的重要力量。然而，随着时代的变迁，社会结构、价值观念、生活方式都发生了深刻的变化，传统美德在现代社会中面临着新的挑战与机遇。因此，探讨中华传统美德的现代转型与创新，不仅是对传统文化的传承与发展，更是对现代社会治理和道德建设的积极探索。

中华传统美德的形成源远流长，深深根植于农耕文明、儒家思想以及家国情怀之中。这些美德在历史长河中不断被传承、发展和完善，成为中华民族的精神支柱。

本书从传统美德的源起与核心价值入手，首先介绍了传统美德与现代社会的碰撞与融合，接着详细分析了诚信美德的现代转型、尊老爱幼美德的现代诠释、勤劳节俭美德的创新发展、礼貌谦逊美德的现代重塑以及爱国主义美德的现代解读，并重点探讨了传统美德传承与创新的未来展望等。

本书在撰写过程中，参阅和引用了一些文献资料，谨向它们的作者表示感谢；同时还要感谢一直以来支持、鼓励和鞭策我成长的师长和学界同人。由于笔者水平有限，书中难免存在不妥之处，敬请广大学界同人和读者批评指正。

目　录

第一章 传统美德的源起与核心价值

第一节 中华传统美德的历史脉络

一、古代美德的起源与发展

（一）古代美德的起源

中华传统美德的起源，深深植根于古代社会的历史土壤之中。早在先秦时期，儒家、道家、墨家等学派便提出了各自的美德观念，为中华传统美德的形成奠定了基础。儒家注重仁爱、礼义、诚信等美德，强调人与人之间要和谐相处；道家倡导自然无为、淡泊名利、宽容包容等美德，追求内心的宁静与和谐；墨家主张兼爱非攻、尚同尚贤等美德，追求社会的公正与平等。这些美德观念不仅体现了古代先贤们的智慧与追求，也为后世中华传统美德的发展提供了宝贵的思想资源。

（二）古代美德的初步形成

随着历史的演进，古代美德观念逐渐得到完善与发展。春秋战国时期百家争鸣，各种思想流派相互碰撞、融合，形成了丰富多彩的美德体系。儒家思想在这一时期得到了进一步的发展与完善，仁爱、礼义、诚信等美德成为儒家思想的核心。同时，道家、墨家等学派的美德观念也得到了进一步的阐释与传播。这些美德观念在社会的各个领域得到了广泛的应用与实践，逐渐形成了古代社会的基本道德规范。

（三）古代美德的丰富与深化

到了秦汉时期，中华传统美德得到了进一步的丰富与深化。秦始皇统一六国后，实行了一系列文化政策，加强了中央集权，促进了文化的交流与融合。汉武帝时期，儒家思想被确立为官方意识形态，儒学成为国学，儒家美德观念得到了广泛的传播与普及。同时，道家思想发展与壮大，佛教思想传入中国，这两种思想与儒家思想相互融合，形成了独具特色的中华传统美德体系。这些美德观念不仅体现了古代社会的道德风尚，也为后世中华传统美德的发展奠定了重要的思想基础。

（四）古代美德的传承与演变

中华传统美德在历史的长河中不断传承与演变。历代统治者都很重视道德教育，通过制定法律、推广教育等手段，加强了对传统美德的传承与弘扬。同时，随着社会的变迁，传统美德观念也在不断地适应时代的发展，融入了新的元素与内涵。随着社会的转型与变革，传统美德也在不断与时俱进，为现代社会的发展提供了重要的道德支撑。

二、传统美德在历史长河中的传承

（一）家庭教育中的美德传承

在中华传统美德的传承过程中，家庭教育扮演着至关重要的角色。自古以来，家庭作为社会的基本单位，不仅是人们成长的摇篮，更是美德传承的首要场所。在家庭中，父母通过言传身教的方式，将仁爱、诚信、尊老爱幼等美德传递给子女，使其从小便接受美德的熏陶与教育。这种家庭美德教育不仅培养了子女的良好品德，也为社会的道德风尚奠定了坚实的基础。

在家庭教育中，美德传承的方式多种多样。父母通过讲述历史故事、引用名人名言、传授生活经验等方式，向子女传授美德观念。同时，父母还以身作则，用自己的言行示范美德行为，让子女在耳濡目染中感受到美德的力量。此外，家庭中的亲情关系也为美德传承提供了得天独厚的条件，子女在家庭的关爱与温暖中更容易接受和传承美德。

家庭教育中的美德传承不仅具有深厚的文化底蕴，而且具有强大的生命力。在历史的长河中，无论社会如何变迁，家庭教育始终是美德传承的重要载体。即使在现代社会，家庭教育在美德传承中的作用依然不可替代。因此，我们应该重视家庭教育在美德传承中的作用，加强家庭美德教育，为培养具有良好品德的下一代贡献力量。

（二）学校教育中的美德培养

随着社会的发展，学校教育逐渐成为美德传承的重要途径。在古代，学校主要是官学和私学两种形式，它们不仅传授文化知识，更注重品德教育。到了现代，学校教育在美德传承中的作用更加突出。学校通过开设德育课程、组织道德实践活动等方式，加强对学生的美德教育，培养学生的道德观念和道德行为。

在学校教育中，美德培养的方式多种多样。教师可以通过课堂教学、案例分析、角色扮演等方式，培养学生美德观念。同时，学校还可以组织各种道德实践活动，如志愿服务、社区服务等，让学生在实践中体验美德的力量，培养自己的道德情感。此外，学校还可以通过校园文化建设等方式，营造浓厚的道德氛围，让学生在良好的环境中接受美德的熏陶。

学校教育中的美德培养具有系统性和科学性的特点。学校可以根据学生的年龄特点和认知水平，制定有针对性的美德教育方案，使学生能够在不同阶段接受到符合自己的美德教育。

（三）社会教育中的美德弘扬

社会教育也是美德传承的重要途径之一。在社会中，各种文化机构、传媒机构等都可以成为美德传承的载体。它们通过举办文化活动、制作文化产品等方式，弘扬传统美德，推动良好的社会道德风尚形成。

在社会教育中，美德弘扬的方式多种多样。文化机构可以通过举办讲座、展览、演出等活动，向公众介绍传统美德的历史渊源和文化内涵，增强公众对美德的认同感和归属感。传媒机构则可以通过制作电视剧、电影、纪录片等文化产品，将传统美德融入文化产品中，让公众在欣赏文化产品的同时接受传统美德的熏陶。

社会教育中的美德弘扬具有广泛性和深入性的特点。它可以通过各种渠道和方式，将美德传承到社会的各个角落，让更多的人了解、认同和践行。同时，社会教育还可以通过宣传和教育，使美德观念深入人心，成为人们自觉追求的行为准则。

（四）传统美德的国际化传播

随着全球化的加速发展，传统美德的国际化传播也日益受到关注。中华传统美德作为中华民族的文化瑰宝，不仅具有深厚的文化底蕴和独特的价值内涵，而且具有广泛的国际影响力和吸引力。

在国际化传播中，传统美德的传播方式多种多样。可以通过举办国际文化交流活动、开展国际文化合作等方式，将中华传统美德介绍给世界各国人民。同时，还可以通过翻译出版、网络传播等方式，将中华传统美德的文献资料和研究成果推向国际舞台，让更多的人了解、研究和传承中华传统美德。

国际化传播中的传统美德传承不仅具有文化交流和传播的价值，而且具有重要的历史意义。它可以将中华传统美德的文化精髓和价值理念传播到世界各地，增强中华民族的文化自信和软实力。同时，它还可以促进不同文化之间的交流与融合，推动世界文化的多样性和繁荣发展。

三、历史名人与传统美德的典范

（一）儒家学派与孔子的道德典范

孔子作为儒家学派的创始人，其一生都在追求和实践着仁、义、礼、智、信等传统美德。孔子注重个人品德的修养，提出了"己所不欲，勿施于人"的道德准则，强调了个体在人际交往中应持有的宽容和善意。他的教育理念"有教无类"和"因材施教"也体现了对人才培养的重视和尊重。孔子的言行举止，如谦虚谨慎、尊师重道、勤奋好学等，都成了后世学习和模仿的典范。

孔子对儒家美德的贡献不仅在于他的理论贡献，更在于他的实践精神。他通过自身的行为示范，将儒家美德的理念贯彻到日常生活中，使之成为人们可以触摸和感知的道德标准。孔子的道德典范不仅影响了他的弟子，也影响了后世无数的中国人，成为中华民族道德传统的重要组成部分。

（二）清廉与公正的典范——包拯

包拯，北宋时期的名臣，以清廉和公正著称。他一生致力于反腐倡廉、整顿吏治，为北宋的政治清明和社会稳定做出了巨大贡献。包拯在任期间，不畏权贵、敢于直言，对贪官污吏严厉打击，使得当时的官场风气焕然一新。

包拯的清廉和公正精神，不仅体现在他的政治行为上，更体现在他的个人品德上。他始终坚守自己的道德底线，不为权力和金钱所动摇。他的清廉和公正精神，不仅赢得了人们的尊敬，也为后世树立了清廉和公正的道德典范。

除了历史上的著名人物外，还有许多民间英雄和传统美德的践行者。他们可能没有显赫的功名和地位，但他们的行为却体现了中华民族的传统美德。例如，那些见义勇为、助人为乐的好人，那些默默奉献、无私付出的志愿者，那些坚守岗位、恪尽职守的普通人……他们都在用自己的实际行动践行着传统美德，为社会的和谐稳定做出了贡献。

这些民间英雄和传统美德的践行者，可能没有留下太多的文字记载和历史痕迹，但他们的精神却永远留在了人们的心中。他们用自己的行为证明了传统美德的力量和价值，为后世树立了可学可敬的道德榜样。

第二节　传统美德对社会的影响

一、美德对家庭关系的维护

（一）传统美德与家庭和睦

传统美德在维护家庭关系中扮演着举足轻重的角色。首先，传统美德中的"孝"字是家庭和睦的基石。孝道要求子女尊敬、孝顺父母，这种情感的纽带使家庭成员之间形成了紧密的联系。在孝道的熏陶下，家庭成员间相互尊重、关爱，共同营造了一个温馨、和谐的家庭氛围。同时，孝道也强调了家庭责任的重要性，促使每个家庭成员都承担起自己的家庭责任，共同为家庭的幸福而努力。

传统美德中的"和"字也体现了家庭和睦的理念。在家庭关系中，和睦是指家庭成员间相互理解、包容、支持，共同面对生活中的挑战和困难。传统美德提倡以和为美、以和为贵，这种思想在家庭中得到了充分的体现。在和睦的家庭中，每个成员都能够感受到温暖和关爱，这种情感的力量能够增强家庭成员间的凝聚力，使家庭更加稳固和和谐。

（二）传统美德与家庭教育

家庭教育是塑造个人品德的重要途径，传统美德则是家庭教育的核心内容。在家庭中，父母通过言传身教的方式，将传统美德传递给子女，使他们在成长过程中逐渐形成正确的道德观念和价值观。

传统美德中的"诚信""谦虚""勤劳"等品质，都是家庭教育的重要内容。父母通过教育子女诚实守信、谦虚谨慎、勤劳努力，使他们在生活中逐渐养成良好的品质。这些品质不仅能够帮助子女更好地融入社会，还能够使他们在面对困难和挑战时更加坚定和自信。

同时，家庭教育也强调家庭责任的重要性。父母通过教育子女承担家庭责任、关心家庭成员、为家庭的幸福和繁荣而努力，使他们在成长过程中逐渐形成家庭责任感。这种家庭责任感促使子女更加关注家庭，珍惜家庭，为家庭的幸福和繁荣贡献自己的力量。

（三）传统美德与家庭文化传承

家庭是文化传承的重要场所，传统美德则是家庭文化的重要组成部分。在家庭中，父母通过传承和弘扬传统美德，使家庭成员能够更好地了解和认同自己的文化根源。

传统美德中的"尊老爱幼""重义轻利"等思想，都是中华民族优秀文化的体现。在家庭中，父母通过教育子女尊重长辈、关爱晚辈、重视道义、轻视物质利益等，使他们在成长过程中逐渐了解和认同这些文化思想。这种文化认同使家庭成员更加团结和凝聚，共同维护和发展自己的家庭文化。

（四）传统美德与家庭幸福的追求

家庭幸福是每个人追求和向往的，传统美德则是实现家庭幸福的重要保障。在家庭中，通过维护家庭和睦、促进家庭教育、传承家庭文化等方式，传统美德为家庭幸福的实现提供了有力的支持。

首先，传统美德中的"孝""和"等思想，能够增强家庭成员间的凝聚力和向心力，使家庭更加稳固和和谐。这种家庭氛围能够为家庭成员提供一个安全、舒适的生活环境，使他们感受到家庭的温暖和关爱。

其次，传统美德中的"诚信""谦虚""勤劳"等品质，能够帮助家庭成员更好地融入社会、实现个人价值，从而为家庭幸福的实现提供物质和精神上的支持。

最后，传统美德的传承和弘扬能够使家庭成员更加了解和认同自己的文化根源，增强文化自信心和民族自豪感。这种文化自信心和民族自豪感能够激发家庭成员的爱国热情和奋斗精神，为家庭幸福的实现提供强大的精神动力。

二、美德对社会风尚的塑造

（一）美德引领社会价值观

传统美德作为中华民族的文化瑰宝，具有强大的凝聚力和向心力，能够引领社会价值观，塑造健康向上的社会风尚。

首先，美德强调诚信、友善、勤奋等正面价值观，这些价值观是社会文明进步的重要基石。在美德的熏陶下，人们更加注重道德修养，追求精神层面的满足，形成了积极向上、和谐友善的社会氛围。

其次，美德还强调社会责任感和集体荣誉感，倡导人们关注社会公共利益，为国家和民族的繁荣富强贡献自己的力量。在美德的引导下，人们更加关注社会热点问题，积极参与公益事业，形成了良好的社会风尚。

最后，美德还倡导公正、平等、尊重等价值观，这些价值观是构建和谐社会的重要支柱。在美德的引领下，人们更加注重公平正义，尊重他人的权利和尊严，形成了平等互助、和谐共处的社会风尚。这种风尚有助于减少社会矛盾和冲突，促进社会和谐稳定。

（二）美德塑造公民道德素质

传统美德不仅对个人品德的塑造具有重要影响，还能够塑造公民的道德素质，提升整个社会的道德水平。

首先，美德强调个人的道德修养和自律精神，要求人们自觉遵守道德规范，不做违背道德的事情。在美德的熏陶下，人们更加注重自我约束和自我提升，形成了良好的个人品德和行为习惯。

其次，美德还倡导关爱他人、助人为乐等精神，要求人们关注他人的需求和利益，积极参与社会公益事业。在美德的引导下，人们更加关注弱势群体，积极为他们提供帮助和支持，形成了友善互助、关爱他人的社会风尚。这种风尚有助于提升社会的凝聚力和向心力，促进社会的和谐稳定。

最后，美德还强调公正、廉洁等价值观，要求人们在工作和生活中保持公正无私、廉洁自律的品行。在美德的塑造下，人们更加注重职业操守和道德底线，形成了廉洁奉公、公正无私的职业风尚。这种风尚有助于提升整个社会的道德水平和公信力。

（三）美德推动社会文明进步

传统美德作为中华民族的文化瑰宝，具有强大的生命力和创造力，能够推动社会文明进步。

首先，美德强调尊重知识、尊重人才等思想，要求人们注重教育、培养人才。在美德的推动下，社会形成了尊重知识、尊重人才的良好氛围，为科技、文化等领域的发展提供了有力支持。

其次，美德还倡导创新、进取等精神，要求人们勇于探索、敢于创新。在美德的引导下，人们更加注重创新实践、勇于挑战自我，形成了开拓进取、奋发有为的社会风尚。这种风尚有助于激发社会的创新活力和创造力，推动社会文明不断进步。

最后，美德还强调和谐、包容等思想，要求人们注重与自然、社会的和谐相处。在美德的倡导下，人们更加注重环境保护、生态建设等问题，形成了绿色、低碳、环保的生活方式和社会风尚。这种风尚有助于推动生态文明建设和社会可持续发展。

（四）美德弘扬民族文化精神

传统美德是中华民族的文化瑰宝，蕴含着丰富的民族文化精神。在弘扬和传承美德的过程中，我们能够更好地了解和认同自己的文化根源，增强文化自信心和民族自豪感。

首先，美德中的诚信、友善、勤奋等品质是中华民族优秀文化的体现，这些品质的传承和弘扬能够让我们更加深入地了解和认同自己的文化精神。

其次，美德的弘扬还能够促进不同文化之间的交流与融合。在全球化的大背景下，不同文化之间的交流和融合成为必然趋势。通过弘扬传统美德中的优秀品质和价值观念，我们能够更好地与其他文化进行对话和交流，增进相互之间的了解和信任，促进不同文化之间的和谐共处。

最后，美德的弘扬还能够增强民族凝聚力和向心力。在面临各种挑战和困难时，一个民族的凝聚力和向心力是战胜困难的重要保障。通过弘扬传统美德中的优秀品质和精神风貌，我们能够激发民族自信心和自豪感，增强民族凝聚力和向心力，共同为国家和民族的繁荣富强贡献自己的力量。

三、美德对经济发展的影响

（一）美德与商业道德的建立

在经济发展中，商业道德是确保市场健康运行的关键。美德在商业活动中，主要体现在诚实、守信、公平交易等方面。首先，美德中的诚信品质要求商家在经营过程中遵守承诺，不欺诈、不虚假宣传，以诚信赢得消费者的信任。这种商业道德的建立，有助于形成公平、透明的市场环境，减少不正当竞争和欺诈行为，保护消费者权益，促进经济的健康发展。其次，美德中的公正、平等观念要求商家在交易过程中遵循公平原则，不偏袒、不歧视，确保交易的公正性和合理性。这种商业道德的建立，有助于消除市场中的不公平现象，保障市场的公平性和有效性，提高资源配置效率，促进经济稳定增长。

在商业道德的建立过程中，美德的示范和引领作用至关重要。通过弘扬美德中的优秀品质和精神风貌，商家可以树立正确的经营理念，形成健康的商业文化，为经济发展提供有力的道德支撑。

（二）美德与信用体系的建设

信用体系是市场经济的重要基础，对于降低交易成本、提高市场效率具有重要作用。美德在信用体系建设中，主要体现在个人和企业的信用行为上。首先，美德中的诚信品质要求个人在社交、金融等领域保持良好的信用记录，不违约、不欺诈，树立诚信形象。这种个人信用的建立，有助于提高整个社会的信用水平，为经济发展营造良好的信用环境。其次，美德中的责任感要求企业在经营过程中注重社会责任和信誉建设，不损害消费者利益、不破坏环境、不违法违规。这种企业信用的建立，有助于提升企业的品牌形象和市场竞争力，为企业的发展创造更多机遇。

在信用体系的建设过程中，美德的弘扬和培育具有重要意义。加强美德教育、推广诚信文化等方式，可以增强社会成员的信用意识，促进信用体系的不断完善和发展。

（三）美德与创新精神的激发

创新是推动经济发展的重要动力，美德对于创新精神的激发具有重要作用。首先，美德中的勇敢、冒险精神鼓励人们敢于尝试新事物、挑战未知领域，这种精神是创新的重要源泉。其次，美德中的勤奋、刻苦精神要求人们不断学习新知识、掌握新技能，为创新提供必要的知识储备和技能支撑。最后，美德中的宽容、包容精神有助于形成开放、包容的创新氛围，鼓励不同思想、不同观点的交流和碰撞，激发创新的灵感和火花。

在创新精神的激发过程中，美德的引领和示范作用不可或缺，通过弘扬美德中的优秀品质和精神风貌，可以激发人们的创新热情和创造力，推动经济的持续发展和进步。

（四）美德与可持续发展战略的落实

随着经济的发展和资源的日益紧张，可持续发展已经成为当今社会的共识。美德在可持续发展战略中，主要体现在对资源的节约利用、对环境的保护以及对社会的贡献等方面。首先，美德中的节俭、节约精神要求人们在生产、生活中注重资源的节约利用，减少浪费和污染，为可持续发展提供物质基础。其次，美德中的环保、绿色精神要求人们关注环境保护和生态平衡，积极参与环保活动，推动绿色经济发展。最后，美德中的社会责任、奉献精神要求企业关注社会公益事业和弱势群体，为社会的和谐稳定做出贡献。

在可持续发展战略的落实过程中，美德的弘扬和培育具有重要意义。加强美德教育、推广绿色文化等方式，可以增强社会成员的环保意识和可持续发展意识，推动可持续发展战略的深入实施。

第三节 传统美德在现代社会的价值定位

一、传统美德的现代价值

（一）塑造个人品德与提升社会风尚

传统美德在现代社会依然具有不可忽视的价值，主要体现在对个人品德的塑造和社会风尚的提升上。在快速变化的社会环境中，人们往往面临着各种诱惑和压力，容易迷失方向，忽视道德规范。传统美德中的诚信、友善、勤劳等品质，能够引导人们树立正确的价值观，坚守道德底线，形成健康向上的人格。同时，这些美德也能够渗透到社会生活中的各个层面，推动形成良好的社会风尚，增进人与人之间的和谐关系，构建更加稳定、和谐的社会环境。

从教育角度来看，传统美德的弘扬有助于培养具有高尚品德的公民。学校、家庭和社会等各个层面加强对传统美德的教育和宣传，可以引导人们树立正确的道德观念，形成良好的道德习惯。这种教育方式不仅有利于个人的成长和发展，也有利于社会的整体进步和繁荣。

（二）促进经济发展与社会和谐

传统美德在促进经济发展和社会和谐方面也发挥着重要作用。在市场经济条件下，诚信、公平、责任等美德是保障经济健康运行的重要基石。企业如果能够遵循这些美德原则，诚信经营、公平竞争、承担社会责任，就能够赢得消费者的信任和市场的认可，实现可持续发展。同时，这些美德也能够增进人与人之间的信任和合作，降低交易成本，提高经济效率。

此外，传统美德中的和谐、包容等精神也有助于化解社会矛盾，促进社会和谐。在多元化的社会背景下，人们之间的价值观念、利益诉求等方面存在差异，容易产生矛盾和冲突。传统美德中的和谐、包容精神能够引导人们以宽容、理性的态度看待差异和矛盾，寻求共识和合作，共同推动社会的和谐稳定。

（三）提升国家形象与文化软实力

传统美德是中华民族的文化瑰宝，具有深厚的历史底蕴和广泛的社会认同。在现代社会中，传统美德的弘扬有助于提升国家形象和文化软实力。通过在国际交流中展示中华民族的传统美德和文化魅力，可以加深国际社会对中国文化的认识和认同，提高中国的国际影响力和竞争力。

同时，传统美德的弘扬也有助于增强民族凝聚力和向心力。在全球化的大背景下，民族文化的传承和发展面临着严峻的挑战。传统美德作为中华民族文化的核心组成部分，对其的弘扬和传承有助于增强民族自信心和自豪感，凝聚民族力量，推动中华民族文化的繁荣和发展。

（四）应对现代社会挑战与构建和谐社会

面对现代社会中的各种挑战和问题，传统美德依然具有重要的价值和作用。例如：在应对环境污染、气候变化等全球性问题时，传统美德中的环保、节约等精神能够引导人们树立绿色、低碳的生活方式和发展理念，共同推动可持续发展目标的实现；传统美德中的关爱、公正等精神能够引导人们关注弱势群体和公共利益，促进社会公平和正义的实现。

总之，传统美德在现代社会中依然具有不可替代的价值和作用。加强对传统美德的弘扬和传承可以引导人们树立正确的价值观和行为准则，促进经济发展和社会和谐，提升国家形象和文化软实力，应对现代社会挑战和构建和谐社会。

二、传统美德与现代价值观的对接

（一）传统诚信与现代信任机制的构建

传统美德中的诚信在现代社会中依然扮演着至关重要的角色。随着社会的进步和科技的发展，人们的交往方式日益复杂，信任机制成为现代社会运行的基石。诚信作为传统美德的核心价值之一，其内涵与现代信任机制天然契合。

在现代社会中，诚信不仅是个人品质的表现，更是商业活动、社会治理等领域不可或缺的元素。商业活动中，诚信经营能够赢得消费者的信任，提升企业的市场竞争力；社会治理中，诚信政府能够增强民众对政府的信任，促进社会的和谐稳定。因此，将传统美德中的诚信与现代信任机制相结合，能够构建更加稳固、可靠的社会关系网络。

在对接过程中，我们需要在现代社会中重新解读和弘扬诚信美德，将其融入社会生活中的方方面面。例如：在商业领域，可以通过加强法律法规建设，打击不诚信行为，营造诚信经营的市场环境；在社会治理领域，可以通过加强政府公信力建设，提高政府决策的透明度和公正性，增强民众对政府的信任感。

（二）传统友善与现代人际关系的重塑

友善作为传统美德之一，其内涵与现代人际关系中的尊重、理解、包容等价值观念有着密切的联系。在现代社会中，随着人们生活节奏的加快和社交方式的多样化，人际关系日益复杂，友善显得尤为重要。

友善不仅能够促进人与人之间的和谐相处，还能够缓解社会矛盾、增强社会凝聚力。将传统美德中的友善与现代人际关系相结合，能够重塑更加健康、和谐的社会风尚。

在对接过程中，我们需要加强对友善的教育和宣传，增强人们的友善意识。同时，我们还需要通过实际行动来践行友善的美德，如积极参与公益活动、帮助他人等。这些行为不仅能够体现个人的友善品质，还能够传递友善的力量，影响更多的人。

（三）传统责任与现代社会责任的拓展

责任是传统美德中的重要内容之一，其内涵与现代社会责任有着密切的联系。在现代社会中，随着企业、政府等社会组织的不断发展壮大，其承担的社会责任也日益增多。将传统美德中的责任与现代社会责任相结合，能够拓展社会责任的内涵和外延。

在对接过程中，我们需要加强对企业、政府等社会组织的责任教育，引导其树立正确的责任观念。同时，我们还需要建立健全的责任制度，明确各社会组织的责任和义务，确保其能够承担起相应的社会责任。

此外，我们还需要加大社会监督力度，对不履行社会责任的行为进行监督和惩罚。这不仅能够保护社会公共利益，还能够引导各社会组织更加积极地履行社会责任。

（四）传统和谐与现代和谐社会的构建

和谐作为传统美德的核心价值之一，其内涵与现代和谐社会的构建有着密切的联系。在现代社会中，随着经济的发展和社会的进步，人们对和谐社会的追求日益迫切。将传统美德中的和谐与现代和谐社会相结合，能够推动社会的和谐稳定发展。

在对接过程中，我们需要加强对和谐的教育和宣传，增强人们的和谐意识。同时，我们还需要采取一系列措施来推动社会的和谐稳定发展，如加强社会治安综合治理、推动城乡一体化发展等。这些措施不仅能够缓解社会矛盾，还能够增强社会凝聚力，推动社会的和谐稳定发展。

三、传统美德在现代社会中的作用

（一）个人品德的塑造与道德风尚的引领

在现代社会中，传统美德对于个人品德的塑造和道德风尚的引领具有不可忽视的作用。首先，传统美德中的诚信、友善、勤劳等品质，为个体提供了明确的行为准则和道德标准。这些美德的践行不仅有助于个人形成良好的道德品质和人格魅力，还能在日常生活中传递正能量，引领社会风气。

其次，传统美德的弘扬对于塑造积极向上的社会风尚具有重要意义。在一个充满传统美德的社会中，人们更加注重道德修养和品格塑造，更加尊重他人、关爱社会，从而营造出一种和谐、友善、积极向上的社会氛围。这种氛围能够激发人们充满正能量，推动社会不断进步。

在个人品德塑造方面，传统美德的作用体现在其潜移默化的影响力上。通过家庭、学校、社会等各个层面的教育和引导，传统美德能够逐渐内化为个体的道德品质，成为支撑个体成长和发展的重要力量。同时，传统美德的践行也能够带来个人的内心满足和幸福感，增强个体的自我认同和归属感。

（二）社会关系的和谐与稳定

传统美德在现代社会中对于维护社会关系的和谐与稳定具有重要作用。首先，传统美德中的友善、尊重、包容等品质，有助于人们建立和谐的人际关系。这些美德的践行能够减少社会冲突和矛盾，增进人与人之间的信任和合作，推动社会的和谐稳定发展。

其次，传统美德中的公正、平等、责任等观念，有助于构建公平、正义、有序的社会秩序。这些美德的弘扬能够引导人们树立正确的价值观念，增强社会责任感和公民意识，共同维护社会的稳定和繁荣。

在社会关系和谐与稳定方面，传统美德的作用体现在其对于社会矛盾的化解和冲突的缓解上。通过践行传统美德，人们能够更加理性地看待和处理社会矛盾和冲突，以更加平和、宽容的心态面对不同的意见和利益诉求。这种态度能够减少社会矛盾和冲突的发生，推动社会的和谐稳定发展。

（三）经济发展的推动与助力

传统美德在现代社会中对于经济发展具有积极的推动作用。首先，传统美德中的诚信、勤劳等品质是商业活动中的重要素质，能够提升企业的竞争力和市场形象。诚信经营的企业更容易获得消费者的信任和认可，从而赢得市场份额和竞争优势。

其次，传统美德中的创新精神也是推动经济发展的重要因素。通过弘扬创新精神，鼓励人们不断追求新技术、新产品和新服务，能够推动产业升级和经济发展。同时，创新精神也能够激发人们的创造力和想象力，推动社会进步。

在经济发展方面，传统美德的作用体现在其对于商业伦理的塑造和市场环境的优化上。通过践行传统美德，企业能够形成健康的商业文化和经营理念，推动市场的公平竞争和健康发展。同时，传统美德的弘扬也能够增强人们的消费意识，并提升人们的道德水平，促进市场的繁荣和稳定。

（四）文化传承与民族认同的强化

传统美德作为中华民族的文化瑰宝，在现代社会中对于文化传承和民族认同的强化具有重要作用。首先，传统美德的弘扬有助于传承和弘扬中华民族优秀文化传统，增强人们的文化自信和文化自觉。通过发扬传统美德，人们能够更好地了解和认同自己的文化根源，推动文化的传承和发展。其次，传统美德的践行也有助于强化民族认同感和凝聚力。在全球化的大背景下，民族文化的传承和发展面临着严峻的挑战。通过弘扬传统美德，我们可以增强民族自信心和自豪感，凝聚民族力量，共同应对各种挑战和危机。同时，传统美德的践行也能够增进不同民族之间的了解和交流，促进民族团结和共同发展。

四、传统美德对现代人的启示与影响

（一）个人修养与自我完善的引导

传统美德对现代人的启示首先体现在个人修养与自我完善的引导上。在快速变化、充满诱惑的现代社会中，人们往往容易迷失方向，忽略内心的声音。传统美德，如诚信、谦逊、自律等，提醒现代人注重内心的修炼，关注个人的品德修养。

诚信作为个人修养的基础，要求现代人在言行上保持一致，不欺骗他人，更不欺骗自己。这种品质能够提高个人的信誉和影响力，为个人的成长和发展奠定坚实基础。谦逊教导现代人在面对成就和荣誉时保持低调，不断学习和进步，避免因骄傲自满而停滞不前。自律要求现代人在日常生活中严格要求自己，遵守道德规范，形成良好的生活习惯。

在个人修养与自我完善的过程中，传统美德为现代人提供了明确的方向和指引。通过践行这些美德，现代人能够不断提升自己的道德水平，形成健康向上的人格魅力，为个人的成长和发展注入强大的动力。

（二）道德观念与行为准则的树立

传统美德对现代人的另一个重要启示是道德观念与行为准则的树立。在现代社会中，道德观念和行为准则对维护社会秩序、促进社会和谐具有至关重要的作用。传统美德中的善良、正义、公正等价值观念，为现代人提供了明确的道德标准。

善良要求现代人在面对他人的不幸时保持关爱和同情，尊重他人的权利和尊严。这种品质能够增进人与人之间的信任和友谊，推动社会的和谐稳定发展。正义要求现代人在面对不公和邪恶时勇敢地站出来，维护社会的公平和正义。公正要求现代人在处理事务时保持客观和公正的态度，不偏袒任何一方。

这种道德观念和行为准则不仅能够指导个人的行为举止，还能够影响周围人的思想和行为，推动社会整体道德水平的提升。

（三）社会责任与公民意识的提升

传统美德对现代人的启示还体现在社会责任与公民意识的提升上。在现代社会中，每个人都是社会的一分子，都应当承担起相应的社会责任。传统美德中的勤劳、奉献、爱国等精神，激励着现代人为社会做出贡献，承担起自己的社会责任。

勤劳要求现代人在工作中勤勉努力，不断提高自己的能力和水平，为社会创造更多的价值。奉献要求现代人在社会需要时毫不犹豫地伸出援手，为他人提供帮助。爱国要求现代人热爱自己的祖国，为祖国的繁荣和发展贡献自己的力量。

通过践行传统美德中的社会责任和公民意识，现代人能够增强自己的社会责任感和使命感，积极投身于社会建设和发展中。这种责任感和使命感不仅能够推动社会的进步和发展，还能够增强个人的荣誉感和成就感。

（四）文化传承与民族精神的弘扬

传统美德对现代人的启示还体现在文化传承与民族精神的弘扬上。作为中华民族的文化瑰宝，传统美德承载着丰富的历史和文化内涵。通过传承和弘扬传统美德，现代人能够更好地了解和认同自己的文化根源，增强民族自信心和自豪感。

同时，传统美德中的民族精神也是推动国家发展的重要力量。通过弘扬民族精神，能够激发全国人民的爱国热情和奋斗精神，共同为国家的繁荣和发展贡献力量。这种民族精神的弘扬不仅能够增强国家的凝聚力和向心力，还能够推动国家在国际舞台上树立更加良好的形象。

因此，对现代人来说，传承和弘扬传统美德不仅是对个人品德的提升和完善，更是对民族文化传承和民族精神弘扬的重要贡献。通过践行传统美德中的价值观念和行为准则，我们能够更好地融入社会、服务他人、为国家做贡献，共同推动社会的进步和发展。

第二章　传统美德与现代社会的碰撞与融合

第一节　传统美德与现代价值观的冲突

一、传统价值观的核心要素

传统价值观作为一个民族或某种文化长期积累下来的精神财富，其核心要素深植于历史、文化和社会结构中。这些价值观往往体现了一个社会的道德观念、行为规范和价值取向，对于个人和社会的发展具有深远的影响。

首先，传统价值观的核心要素之一是家庭观念。在传统文化中，家庭被视为社会的基本细胞，承载着传承文化、教育子女、照顾老人等多重功能。家庭观念强调家庭成员之间的亲情、责任和互助，要求个人为家庭的幸福和繁荣付出努力。这种价值观不仅塑造了个人的道德品质和责任感，也促进了社会的和谐稳定。

其次，传统价值观的另一个核心要素是尊重权威和长辈。在传统文化中，权威和长辈代表着智慧和经验，他们的意见和决策往往具有决定性的作用。这种价值观体现了对智慧和经验的尊重，有利于社会的有序运行和传承。然而，在现代社会中，随着个人意识的觉醒和民主观念的普及，这种对权威和长辈的绝对尊重逐渐受到挑战。

最后，传统价值观还强调集体主义。在传统文化中，个人往往被视为集体的一部分，个人的利益和价值需要服从集体的利益和价值。这种价值观有利于社会的团结和协作，但也容易忽视个人的权利和利益。在现代社会中，随着个人权利意识的觉醒和市场经济的发展，个人主义和自由主义思想逐渐兴起，对传统的集体主义价值观产生了冲击。

综上所述，传统价值观的核心要素包括家庭观念、尊重权威和长辈以及集体主义等。这些价值观在历史上发挥了重要的作用，但随着社会的变迁和发展，其与现代价值观之间的差异逐渐显现出来。

二、现代价值观的演变与特点

现代价值观是在现代社会中逐渐形成和发展起来的，它反映了现代社会的新特点和新要求。与传统价值观相比，现代价值观具有以下几个显著的特点：

首先，现代价值观强调个人主义和自由主义。在现代社会中，随着个人意识的觉醒和市场经济的发展，个人主义和自由主义思想逐渐兴起。个人主义强调个人的权利、自由和独立，要求社会尊重和保护个人的利益和价值。自由主义则强调个人在政治、经济和文化等方面的自由权利，反对任何形式的压制和限制。这种价值观促进了个人的自我实现和发展，但也容易导致个人主义和利己主义的泛滥。

其次，现代价值观注重实用主义和功利主义。在现代社会中，人们更加注重实际效果和利益的最大化。实用主义强调实际效果和实用性，要求人们从实际出发，追求实际效果的最大化。功利主义则强调个人的利益和需求，要求社会根据个人的利益和需求分配资源和制定政策。这种价值观虽然促进了社会的发展和进步，但也容易导致功利主义和短视行为的产生。

最后，现代价值观还表现出多元化和包容性的特点。在现代社会中，随着全球化的加速和文化的交流融合，人们的价值观也呈现出多元化的趋势。不同文化、不同民族、不同宗教信仰之间的交流和互动日益频繁，使得人们的价值观更加多元和包容。这种价值观的多元化和包容性虽然促进了社会的开放和进步，但也带来了价值观冲突和矛盾的问题。

综上所述，现代价值观的演变与特点为强调个人主义和自由主义、注重实用主义和功利主义以及表现出多元化和包容性的特点。这些使得现代价值观与传统价值观之间存在明显的差异和冲突。

三、传统美德与现代价值观冲突的影响与后果

（一）对个人价值观的影响

传统美德与现代价值观的冲突对个人价值观产生了深远的影响。首先，这种冲突导致了个人在价值观选择上的困惑和迷茫。传统美德强调家庭观念、集体主义、诚信、勤劳等品质，现代价值观则更加注重个人自由、权利、功利和实用主义。

其次，传统美德与现代价值观的冲突也促使了个人价值观的多元化和个性化。在现代社会中，随着信息传播的便捷化和全球化的加速，人们接触到的价值观越来越多元化。这种多元化的价值观为个人提供了更多的选择空间，使得个人价值观更加个性化和多样化。然而，这也增加了个人价值观之间的冲突和碰撞，使得人们在面对道德问题时更加迷茫和困惑。

最后，传统美德与现代价值观的冲突还促进了个人价值观的转变和重塑。随着社会的变迁和时代的发展，一些传统的美德和价值观念逐渐失去其原有的地位和影响力。为了适应现代社会的需求和发展，个人不得不重新审视和评估自己的价值观，进行价值观的转变和重塑。这种转变和重塑不仅是对传统美德的继承和发展，也是对个人价值观的完善和提升。

（二）对社会风尚的塑造

传统美德与现代价值观的冲突也对社会风尚产生了重要的影响。首先，这种冲突导致了社会风尚的多样化和复杂化。在现代社会中，随着人们价值观的多元化和个性化，社会风尚也呈现出多样化和复杂化的趋势。这种多样化和复杂化使得社会风尚更加丰富多彩，但也增加了社会风尚之间的冲突和碰撞。

其次，传统美德与现代价值观的冲突也影响了社会风尚的导向和塑造。传统美德强调家庭观念、集体主义、诚信等品质，这些品质对于塑造良好的社会风尚具有重要意义。然而，在现代社会中，这些传统美德逐渐被边缘化，个人主义、功利主义等价值观逐渐占据主导地位，这种变化使得社会风尚的导向和塑造更加复杂和困难。

最后，传统美德与现代价值观的冲突还促进了社会风尚的创新和发展。在面对传统美德与现代价值观的冲突时，社会风尚需要进行创新和发展以适应现代社会的需求和发展。这种创新和发展不仅是对传统美德的继承和发展，也是对社会风尚的完善和提升。通过创新和发展，社会风尚可以更加符合现代社会的需求和发展趋势，从而推动社会的进步和发展。

（三）对文化传承的挑战

传统美德与现代价值观的冲突也给文化传承带来了挑战。首先，这种冲突导致了文化传承的断裂和迷失。传统美德是中华文化的重要组成部分，它们承载着中华民族的历史和文化记忆。然而在现代社会中，随着传统美德与现代价值观的冲突，这些美德逐渐被边缘化甚至被遗忘，导致了文化传承的断裂和迷失。

其次，传统美德与现代价值观的冲突也增加了文化传承的难度和风险。在现代社会中，随着信息传播的便捷化和全球化的加速，人们接触到的文化越来越多元化。这种多元化的文化使得人们在面对传统文化时更加迷茫和困惑，难以判断哪些文化是值得传承和发展的。这种迷茫和困惑增加了文化传承的难度和风险。

最后，传统美德与现代价值观的冲突也促进了文化传承的创新和发展。在面对传统美德与现代价值观的冲突时，人们需要寻找新的方式和途径来传承和发展传统文化。这种创新和发展不仅是对传统文化的继承和发展，也是对传统文化的完善和提升。文化传承的创新和发展可以更好地将传统文化与现代社会相结合，推动传统文化的传承和发展。

四、应对传统美德与现代价值观冲突的策略与建议

（一）加强传统美德教育

加强传统美德教育是一项至关重要的策略。首先，传统美德教育应贯穿于各个教育阶段，从儿童时期开始培养对传统文化的认同感和归属感。讲述历史故事、传承经典文化、举办传统节日活动等方式，让学生深入了解和体验传统美德的内涵和价值。

其次，传统美德教育应与现代教育相结合，创新教育方式和方法。传统的灌输式教育已经无法满足现代学生的需求，我们需要通过互动、体验、实践等多种方式，让学生在参与中感受传统美德的魅力和力量。例如，可以组织学生参与社区服务、志愿服务等活动，让他们在实践中体验家庭观念、集体主义等美德的实际意义。

最后，加强传统美德教育还需要家庭、学校、社会等多方面的共同努力。家庭是孩子的第一所学校，家长应成为传统美德的传承者和践行者，通过自身的言行影响孩子。学校应加强对传统美德的教育和宣传，将其纳入课程体系和校园文化建设。社会应提供丰富的传统文化资源和活动平台，为传统美德教育提供有力支持。

（二）促进文化交流与融合

在全球化背景下，促进文化交流与融合是应对传统美德与现代价值观冲突的有效途径。首先，我们应以开放包容的心态接纳不同文化，尊重文化的多样性。我们通过举办文化交流活动、建立文化合作机制等方式，增进不同文化之间的了解和认同，为传统美德与现代价值观的融合提供条件。

其次，在文化交流中要注重挖掘和传承传统文化中的优秀元素。传统文化中蕴含着丰富的智慧和美德，这些元素对现代社会的发展和进步具有重要意义。我们应通过文化交流将这些元素传播出去，让更多人了解和认同传统文化。

最后，促进文化交流与融合还需要加强跨文化沟通和合作。在跨文化沟通中，我们要注重语言和文化差异，尊重对方的观点和习惯。通过加强合作和交流，我们可以共同应对传统美德与现代价值观的冲突，推动文化的创新和发展。

（三）建立价值共识与规范

在应对传统美德与现代价值观冲突的过程中，建立价值共识与规范是不可或缺的。首先，我们需要通过广泛讨论和协商，明确社会的基本价值观和道德规范。这些价值观和规范应体现传统美德和现代价值观的共同点，同时也要适应现代社会的需求和发展。

其次，我们要加强对价值观的宣传和教育，通过媒体、网络等渠道广泛传播社会的基本价值观和道德规范，提高公众对价值观的认识和认同度。

最后，建立价值共识与规范需要社会各界的共同努力。政府应发挥主导作用，制定相关政策和法规来推动价值观的建设。社会、学校、家庭等各方也应积极参与其中，共同推动社会的道德建设和文明进步。

第二节　传统美德与现代社会的融合路径

一、融合的必要性与可行性

随着社会的快速发展和全球化的深入，传统美德与现代社会的融合变得日益重要。这种融合不仅具有必要性，也具备可行性，下面是关于这两方面的详细分析。

（一）融合的社会需求

传统美德与现代社会融合的首要原因在于社会需求。在现代社会，人们面临着诸多挑战和困境。这些问题迫切需要传统美德的滋养和引导，以重建社会的道德体系和价值观念。传统美德中的家庭观念、诚信、勤劳、尊重他人等品质，对于解决现代社会的问题具有重要的指导意义。

此外，融合传统美德也是社会和谐发展的需要。在多元文化并存的社会中，各种价值观相互碰撞，容易产生矛盾和冲突。融合传统美德可以建立共同的价值观念和文化认同，促进社会的和谐与稳定。

（二）融合的文化基础

传统美德与现代社会融合的可行性在于两者的文化基础。传统美德作为中华文化的瑰宝，具有深厚的历史底蕴和文化内涵。这些美德不仅体现了中华民族的精神追求和价值观念，也为现代社会提供了宝贵的精神财富。

同时，现代社会也为传统美德的传承和发展提供了新的机遇和平台。在全球化的背景下，中华文化与其他文化的交流更加频繁，这为传统美德的推广和传播提供了更广阔的空间。此外，现代社会的信息化、网络化等特征也为传统美德的传播提供了更加便捷的方式和渠道。

（三）融合的实践经验

传统美德与现代社会融合的实践经验证明了其可行性。在国内外，有许多成功的案例和实践经验值得我们借鉴和学习。

例如，在家庭教育方面，许多家长开始注重培养孩子的传统美德，如尊老爱幼、诚实守信等。这些美德不仅有助于孩子的个人成长和发展，也有助于家庭的和睦和社会的和谐。

此外，一些企业和组织也开始注重传统美德的传承和发展。他们通过举办文化活动、设立奖学金等方式，鼓励员工和学生发扬传统美德。这些实践不仅提升了企业和组织的文化内涵和品牌形象，也为传统美德的传承和发展提供了有力支持。

综上所述，传统美德与现代社会融合既具有必要性也具有可行性。通过融合传统美德，我们可以更好地应对现代社会的挑战和困境，促进社会的和谐与发展。同时，我们也应该积极借鉴和学习国内外的实践经验，为传统美德的传承和发展提供更加有力的支持。

二、传统美德与现代社会的融合具体路径

在推动传统美德与现代社会的融合过程中，我们可以从教育引导、社会实践和文化交流三个主要路径入手，以下是针对这三个路径的详细分析。

（一）教育引导的路径

教育引导是传统美德与现代社会融合的首要路径。教育不仅是文化传承的主要方式，也是塑造个体价值观和社会风尚的重要渠道。在教育引导的路径中，我们可以从以下几个方面入手。

1. 加强学校教育

学生将传统美德教育纳入学校课程体系，通过课堂教学、实践活动等多种形式，引导学生了解和认同传统美德。学校可以开设相关课程，如"中国传统文化""中华美德"等，让学生了解传统美德的历史渊源、文化内涵和现实意义。

2.家庭教育的作用

家庭是教育的第一课堂，家长应成为传统美德的传承者和践行者。家长可以通过日常生活中的言传身教，引导孩子发扬传统美德，如尊重长辈、勤劳节俭、诚实守信等。

3.社会教育的补充

除了学校和家庭外，社会也应承担起传统美德教育的责任。政府可以通过举办传统文化活动、设立文化基金等方式，鼓励和支持社会力量参与传统美德教育。同时，媒体和网络也应成为传统美德教育的重要平台，通过制作和传播相关节目、文章等，提高公众对传统美德的认知和认同。

（二）社会实践的路径

社会实践是传统美德与现代社会融合的有效路径。通过参与社会实践活动，个体可以亲身体验传统美德的魅力和价值，从而更好地将其融入现代生活。在对社会实践路径的研究中，我们可以从以下几个方面入手。

1.志愿服务和公益活动

参与志愿服务和公益活动是践行传统美德的重要途径。通过参与各种志愿服务和公益活动，如扶贫济困、环保行动、社区服务等，个体可以亲身体验到传统美德中关爱他人、助人为乐等品质的价值和意义。

2.职业道德和行业规范

在职场中践行传统美德也是融合的重要路径。职业道德和行业规范是传统美德在现代社会中的具体体现，如诚实守信、勤奋敬业、团结协作等。通过在职场中践行这些美德和规范，个体可以建立起良好的职业形象和信誉，同时也有助于推动行业的健康发展。

3.社会治理和公共服务

在社会治理和公共服务中融入传统美德也是融合的重要途径。政府可以通过制定相关政策和法规，倡导和践行传统美德，如公正无私、勇于担当等。同时，公共服务机构也可以通过提供优质服务、保障公民权益等方式，体现传统美德中的仁爱、关怀等品质。

（三）文化交流的路径

文化交流是传统美德与现代社会融合的国际化路径。在全球化的背景下，文化交流日益频繁，这为传统美德的推广和传播提供了更广阔的空间。在对文化交流路径的研究中，我们可以从以下几个方面入手。

1. 国际文化交流活动

通过举办国际文化交流活动，如文化展览、艺术演出、学术研讨会等，展示中华传统美德的独特魅力和价值。这些活动不仅可以增进外国人对中华文化的了解和认同，也有助于推动中华传统美德在国际上的传播和弘扬。

2. 文化产品输出

将富含传统美德的文化产品输出到国外市场，如书籍、影视作品、艺术品等。这些文化产品可以直观地展示中华传统美德的内涵和风采，吸引外国人的关注和喜爱。同时，文化产品的输出也可以促进中华文化与外国文化的交流和融合。

3. 跨文化人才培养

培养具有跨文化素养的人才也是融合的重要路径。这些人才不仅具备扎实的专业知识和技能，还具备深厚的文化素养和跨文化交际能力。他们可以在国际舞台上传播和弘扬中华传统美德，推动中华文化的国际化进程。

三、传统美德与现代社会融合的挑战与对策

（一）融合过程中的障碍

在传统美德与现代社会融合的进程中，我们不可避免地会遇到一些障碍和挑战。这些障碍既来自文化内部的差异和冲突，也来自外部环境的制约和限制。

1. 文化差异与冲突

传统美德与现代社会的融合首先面临的是文化差异与冲突。传统美德承载着丰富的历史文化和价值观念，现代社会则更加注重效率和实用性。这种差异导致两者在价值观、生活方式、行为习惯等方面存在明显的冲突。例如，现代社会追求快速、便捷的生活方式，传统美德则强调稳重、内敛的性格特质。

2. 外部环境的制约

在融合过程中，外部环境也带来了一定的制约。首先，现代社会的信息爆炸和多元文化的冲击使得人们面临着更多的选择和诱惑，这在一定程度上削弱了传统美德的吸引力。其次，教育体制、社会氛围等因素也对融合过程产生了影响。如果教育体制无法有效地传承和弘扬传统美德，社会氛围对美德的认同度不高，那么融合的难度就会增加。

3. 实践与理论的脱节

传统美德与现代社会融合的另一个障碍是实践与理论的脱节。尽管我们认识到了传统美德的重要性，但在实际操作中往往难以将其与现代生活紧密结合。这可能是因为缺乏具体的实践指导和案例支持，也可能是因为传统美德本身在某些方面与现代社会的需求相矛盾。

（二）应对挑战的策略

面对融合过程中出现的挑战和障碍，我们需要制定一系列有效的策略来应对。

1. 深化理论研究

为了更好地理解传统美德与现代社会的融合问题，我们需要深化理论研究。这包括对传统美德的内涵、价值以及在现代社会中的应用进行深入探讨，同时分析现代社会对传统美德的需求和接受程度。通过理论研究，我们可以为融合过程提供理论支持和指导。

2. 创新教育方式和内容

教育在融合过程中起着关键作用。我们需要创新教育方式和内容，使传统美德教育更加贴近现代生活和社会需求。例如，可以通过开展实践活动、制作教育视频等方式，让年轻一代更直观地了解和体验传统美德。同时，我们也应该注重培养学生的跨文化素养，使他们能够更好地理解和接纳不同文化。

3. 营造积极的社会氛围

社会氛围对融合过程具有重要影响。我们需要通过媒体、网络等渠道积极宣传传统美德的价值和意义，营造积极的社会氛围。同时，政府、企业等各方也应该发挥积极作用，通过制定相关政策、举办文化活动等方式推动传统美德的传承和弘扬。

4. 加强国际交流与合作

在全球化背景下，加强国际交流与合作对于传统美德与现代社会融合具有重要意义。我们可以通过举办国际文化交流活动、加强跨国合作等方式，向其他国家展示中华传统美德的独特魅力和价值。同时，我们也可以借鉴其他国家的成功经验和方法，为融合过程提供有益的启示和借鉴。

四、传统美德与现代社会融合的长期效应与未来展望

（一）对个人成长的影响

传统美德与现代社会融合的长期效应首先体现在对个人成长的深远影响上。这种融合不仅为个体提供了丰富的道德资源和精神支持，也塑造了他们健全的人格和积极的人生态度。

1. 道德品质的塑造

传统美德中的诚实、守信、勤奋、尊老爱幼等品质，对于塑造个体的道德品质具有不可替代的作用。在现代社会中，这些品质仍然是个人成功和幸福的重要因素。通过融合传统美德，个体能够在成长过程中形成健全的道德观念，树立良好的道德风尚，为未来的生活和事业奠定坚实的基础。

2. 心理素质的提升

融合传统美德还有助于提升个体的心理素质。传统美德中的仁爱、宽容、谦虚等品质，有助于个体在面对挫折和困难时保持积极的心态和坚忍的意志。这种心理素质的提升，对于个体在未来的生活和工作中应对各种挑战和压力具有重要意义。

3. 人际关系的和谐

传统美德强调人与人之间和谐相处，注重对亲情、友情、爱情等人际关系的维护。通过融合传统美德，个体能够更好地理解和尊重他人，建立和谐的人际关系，为个人的成长和发展创造良好的社会环境。

（二）对社会发展的贡献

传统美德与现代社会融合的长期效应还体现在对社会发展的重要贡献

上。这种融合有助于推动社会的和谐稳定、道德进步和文明发展。

1. 和谐稳定的社会环境

传统美德中的和谐、稳定、公正等理念，有助于构建和谐稳定的社会环境。在现代社会中，各种利益冲突和矛盾不断加剧，融合传统美德有助于化解这些矛盾，维护社会的和谐稳定。

2. 道德进步的社会风尚

融合传统美德还有助于推动社会的道德进步。传统美德的弘扬和传承，可以引导人们树立正确的道德观念，形成良好的社会风尚。这种道德进步不仅有助于提高社会的文明程度，也有助于推动社会的全面进步。

3. 文明发展的文化支撑

传统美德作为中华文化的瑰宝，为现代社会的文明发展提供了重要的文化支撑。传统美德与现代社会的融合可以推动中华文化的传承和创新，为现代社会的文明发展提供源源不断的文化动力。

（三）对文化传承的意义

传统美德与现代社会融合的长期效应还体现在对文化传承的重要意义上。这种融合有助于保护和传承中华文化的精髓和特色，推动中华文化的繁荣发展。

1. 保护和传承中华文化的精髓

传统美德是中华文化的重要组成部分，融合了传统美德的现代社会能够更好地保护和传承中华文化的精髓。这种传承不仅有助于维护中华文化的独特性和多样性，也有助于推动中华文化的创新与发展。

2. 推动中华文化的国际传播

融合传统美德还有助于推动中华文化的国际传播。通过向国际社会展示中华传统美德的独特魅力和价值，可以增进外国人对中华文化的了解和认同，促进中华文化的国际交流与合作。这种国际传播有助于提升中华文化的国际影响力和竞争力，推动中华文化的繁荣发展。

3. 培育文化自信心和自豪感

融合传统美德还有助于培育个体的文化自信心和自豪感。通过发扬传统美德，个体能够更深入地了解和认同中华文化，增强对中华文化的自信心和自豪感。这种文化自信心和自豪感有助于推动个体在文化传承和创新中发挥着积极作用，为中华文化的繁荣发展贡献自己的力量。

第三节　传统美德在现代社会中的创新实践

一、创新实践的必要性

随着时代的变迁和社会的进步，传统美德在现代社会中的创新实践显得尤为重要。这种创新实践不仅有助于满足时代变迁的需求，拓展传统美德的应用领域，还能提升传统美德的影响力，使其在当代社会中焕发新的生机与活力。

（一）满足时代变迁的需求

随着社会的快速发展，人们的生活方式、价值观念以及行为模式都发生了深刻的变化。传统美德作为历史文化的积淀，虽然具有深厚的底蕴和独特的价值，但在现代社会中也面临着一些挑战和冲击。因此，创新实践成为应对时代变迁的必然需求。通过创新实践，我们可以将传统美德与现代社会的实际情况相结合，探索出更加符合时代要求的美德内涵和实践方式。这不仅能够使传统美德在现代社会中保持生命力，还能够为现代社会的发展提供有益的精神支持和道德支撑。

具体来说，创新实践可以通过几个方面来应对时代变迁的需求：首先，我们可以根据现代社会的特点，对传统美德进行新的解读和阐释，使其更加符合当代人的审美和价值观念。例如，在现代社会中，我们既要强调诚实守信、勤劳节俭等传统美德的重要性，同时也要注重培养创新精神、环保意识等现代美德。其次，我们可以将传统美德与现代科技相结合，开发出更加便捷、高效的传播和实践方式。例如，通过网络平台、社交媒体等渠道，我们可以扩大传统美德的受众群体，同时也可以通过线上活动、互动游戏等方式，让更多的人参与到传统美德的实践中来。

（二）拓展传统美德的应用领域

传统美德在现代社会中的应用领域不断拓展，为人们的生活和工作提供了更多的指导和支持。通过创新实践，我们可以进一步拓展传统美德的应用领域，使其在现代社会中发挥更加重要的作用。

首先，传统美德在家庭教育中的应用具有重要意义。家庭是传统美德传承的重要场所，父母是孩子的第一任老师。通过创新实践，我们可以将传统美德融入家庭教育，引导孩子们树立正确的道德观念和价值观，形成良好的行为习惯和品质。这样不仅能够促进孩子们的健康成长，还能够为社会的和谐稳定打下坚实的基础。

其次，传统美德在职场文化中的应用也具有重要价值。职场是人们实现自我价值的重要场所，也是传统美德实践的重要领域。通过创新实践，我们可以将传统美德融入职场文化，倡导诚信、敬业、团结等美德精神，营造积极向上的工作氛围和企业文化。这不仅能够提高员工的工作效率和工作质量，还能够增强企业的凝聚力和竞争力。

（三）提升传统美德的影响力

创新实践还能够提升传统美德的影响力，使其在现代社会中发挥更加广泛的作用。通过创新实践，我们可以将传统美德与现代社会的实际需求相结合，探索出更加符合当代人需求和审美的方式和方法来传播和实践传统美德。这不仅能够提高传统美德的知名度和认可度，还能够增强人们对传统美德的认同感和归属感。

具体来说，创新实践可以通过几个方面来提升传统美德的影响力：首先，我们可以利用现代科技手段来传播传统美德。例如，通过网络平台、社交媒体等渠道，我们可以将传统美德的故事、案例等内容进行广泛传播，让更多的人了解和认识传统美德。同时，我们也可以通过制作视频、声频等多媒体内容，让传统美德的传播更加生动、形象。其次，我们可以开展各种形式的传统美德实践活动。例如，可以组织志愿者参与社区服务、环保行动等公益活动，让人们在实践中体验和感受传统美德的魅力和价值。最后，我们还可以开展各种形式的传统文化教育和培训活动，提高人们对传统美德的认知和理解水平。

二、创新实践的具体方式

（一）传统美德与现代科技的结合

在现代社会，科技的飞速发展已经深入人们生活中的方方面面。将传统美德与现代科技相结合，不仅能为传统美德的传播与实践注入新的活力，还能使其更好地适应现代社会的需求。

首先，利用现代科技手段，如人工智能、大数据等，可以深入挖掘和整理传统美德的相关资料，形成数字化的传统美德资源库。这样的资源库不仅便于人们随时查阅和学习，还能通过数据分析等方式，更准确地把握传统美德在现代社会中的应用情况和趋势。

其次，通过虚拟现实（VR）、增强现实（AR）等先进技术，可以创建沉浸式的传统美德体验场景。人们可以在虚拟环境中亲身感受传统美德所倡导的价值观和行为准则，从而更深刻地理解和体会其内涵。这种体验方式既能够引起年轻人的兴趣，又能够增强传统美德的吸引力和影响力。

最后，还可以开发与传统美德相关的移动应用、在线课程等数字化产品，为人们提供更加便捷、高效的学习和实践途径。这些产品可以结合现代人的生活习惯和兴趣点，以更加生动、有趣的方式呈现传统美德的内容，使人们在日常生活中轻松发扬传统美德。

（二）传统美德在新媒体的传播

新媒体的兴起为传统美德的传播提供了更加广阔的平台。通过新媒体的传播，传统美德可以迅速覆盖更广泛的受众群体，实现快速、高效的传播效果。

首先，可以利用社交媒体平台如微博、微信等，发布关于传统美德的文章、图片、视频等。这些内容可以通过用户的分享和转发，迅速传播到更广泛的受众中。同时，社交媒体平台上的互动功能还可以吸引用户参与讨论和交流，形成积极向上的网络文化氛围。

其次，可以利用短视频平台如抖音、快手等，制作关于传统美德的短视频。短视频具有简洁明了、易于传播的特点，能够在短时间内吸引用户的注意力并传递传统美德的价值观。通过制作有趣、有料的短视频内容，可以让传统美德在年轻人群中产生更大的影响力。

最后，还可以利用网络直播等新兴媒体形式，邀请专家学者、文化名人等讲解和传授传统美德的相关知识。直播形式具有实时互动、参与度高的特点，能够让用户更加深入地了解和学习传统美德。

（三）传统美德在各行各业的创新应用

传统美德不仅具有深厚的文化底蕴和道德价值，还可以为各行各业的发展提供有益的指导和支持。通过创新应用传统美德的理念和原则，可以推动各行各业的健康发展和社会进步。

在教育领域，可以将传统美德融入课堂教学、课外实践等中，培养学生的道德品质和社会责任感。同时，可以开展以传统美德为主题的校园文化活动，营造积极向上的校园氛围。

在企业管理中，可以借鉴传统美德中的诚信、敬业、团队合作等理念，构建健康的企业文化。通过加强员工的职业道德教育和团队建设活动，可以提升员工的凝聚力和执行力，推动企业的可持续发展。

在公共服务领域，可以倡导和践行传统美德中的公益精神和服务意识。通过组织志愿者参与社区服务、环保行动等公益活动，让人们在实践中体验和感受传统美德的魅力和价值。同时，可以加强公共服务设施的建设和管理，提高公共服务的水平和质量。

总之，通过创新实践的方式将传统美德与现代科技、新媒体以及各行各业相结合，可以让传统美德在现代社会中焕发新的生机与活力，为人们的生活和工作提供更多的指导和支持。

三、创新实践的前景展望

（一）面临的机遇与挑战

随着全球化的深入发展和信息技术的飞速进步，创新实践传统美德面临着前所未有的机遇与挑战。这些机遇与挑战相互交织，为传统美德的现代转型和发展提供了广阔的空间。

在机遇方面，全球化促进了不同文化之间的交流与融合，为传统美德的国际化传播提供了有利条件。同时，信息技术的普及和应用，使得传统美德的传播方式更加多样化、便捷化，能够迅速覆盖更广泛的受众群体。此外，现代社会对道德伦理的关注度不断提升，为传统美德的复兴和发展提供了良好的社会氛围。

然而，挑战也不容忽视。一方面，随着时代的变迁和社会的发展，传统美德面临着一些现代价值观的冲击和挑战。如何在保持传统美德精髓的同时，适应现代社会的需求，成为一个亟待解决的问题。另一方面，新媒体和互联网的普及使得信息传播的速度和范围都得到了极大的提升，但同时也带来了信息碎片化、价值观多元化的问题。如何在这样的背景下保持传统美德的完整性和纯洁性，也是一个需要深思的问题。

（二）发展趋势与预测

面对机遇与挑战，传统美德的创新实践将呈现以下发展趋势：

首先，传统美德与现代科技将进一步深度融合。未来，随着人工智能、大数据等技术的不断发展，传统美德的传播和实践将更加智能化、个性化。人们可以通过智能设备随时随地学习和践行传统美德，同时也可以通过数据分析等方式更准确地把握传统美德在现代社会中的应用情况和趋势。

其次，新媒体将成为传统美德传播的重要渠道。未来，新媒体将继续保持其传播速度快、覆盖面广的优势，为传统美德的国际化传播提供有力支持。同时，新媒体也将为传统美德的创新实践提供更多元化、生动化的表达方式，吸引更多年轻人的关注和参与。

最后，跨行业合作将成为传统美德创新实践的重要趋势。未来，各行各业将更加注重对传统美德的挖掘和应用，通过跨界合作的方式推动传统美德的创新实践。例如：在教育领域，可以将传统美德融入课程教学；在企业管理中，可以借鉴传统美德中的诚信、敬业等理念构建企业文化；在公共服务领域，可以倡导和践行传统美德中的公益精神和服务意识；等等。

（三）对未来社会的影响

创新实践传统美德对未来社会将产生深远的影响。

首先，传统美德的创新实践将有助于提升社会的道德水平和文明程度。通过弘扬和践行传统美德中的诚信、敬业、尊老爱幼等价值观，可以引导人们树立正确的道德观念和行为准则，推动社会风气的改善和文明程度的提升。

其次，传统美德的创新实践将有助于促进社会和谐与稳定。在现代社会中，人们面临着各种压力和挑战，容易产生焦虑和不安。传统美德中的仁爱、宽容、谦虚等品质，有助于化解矛盾和冲突，增进人与人之间的理解和信任，从而促进社会的和谐与稳定。

最后，传统美德的创新实践将有助于推动中华文化的传承与创新。中华文化博大精深、源远流长，传统美德作为其中的重要组成部分，具有丰富的历史内涵和时代价值。创新实践传统美德可以推动中华文化的传承与创新，增强文化自信和民族凝聚力，为中华民族伟大复兴提供精神动力和文化支撑。

第三章　诚信美德的现代转型

第一节　诚信美德的历史演变

一、古代诚信美德的起源

诚信作为中华民族传统美德的重要组成部分，其起源可以追溯到古代社会的多个方面。下面将从四个方面对古代诚信美德的起源进行深入分析。

（一）儒家思想的奠基作用

儒家思想对诚信美德的形成和发展起到了至关重要的奠基作用。儒家创始人孔子提出了"诚信为本"的道德理念，强调"言必信，行必果"，认为诚信是君子必备的品德。孟子进一步发展了孔子的思想，将诚信视为"天之道也"，即诚信是宇宙间的基本法则。儒家经典《大学》中也明确提出了"诚意正心"的修身要求，将诚信作为修身齐家治国平天下的基石。儒家思想对诚信的推崇和强调，为古代社会树立了诚信的道德标杆，也为后世诚信美德的发展奠定了坚实的理论基础。

（二）古代社会的经济需求

古代社会以农业经济为主，商品经济相对不发达。在这样的背景下，人与人之间的交往和合作更加依赖于对彼此的信任和诚信。农民在耕种、收获、交换等生产活动中，需要相互协作、诚实守信，以保证生产的顺利进行。商人在贸易活动中，更需要讲究诚信，以建立良好的商业信誉和口碑。因此，古代社会的经济需求为诚信美德的形成和发展提供了坚实基础。

（三）古代社会的法律制度

古代社会的法律制度也对诚信美德的形成和发展产生了重要影响。在古代中国，法律强调"以礼治国"，将诚信作为重要的法律原则之一。例如，《周礼》中就有关于"诚信"的法律规定，要求人们在交往中诚实守信、言行一致。同时，古代法律还规定了失信行为的惩罚措施，如罚款、监禁等，以维护社会的公平和正义。这些法律制度的制定和实施，为诚信美德的普及和巩固奠定了有力的法律保障。

（四）古代社会的文化传承

古代社会的文化传承也为诚信美德的形成和发展提供了重要的土壤。在漫长的历史长河中，中华民族形成了独特的文化传统和道德观念。在这些文化传统和道德观念中，诚信始终占据着重要的地位。例如：古代诗词歌赋中不乏赞美诚信美德的佳作，如《荀子》中的"君子养心，莫善于诚"等诗句；古代典籍中也有许多关于诚信的寓言和故事，如《曾子杀猪》等。这些文化传承不仅丰富了诚信美德的内涵和外延，也为后人树立了诚信的榜样和典范。

综上所述，古代诚信美德的起源可以追溯到儒家思想的奠基作用、古代社会的经济需求、法律制度和文化传承等多个方面。这些因素相互交织、相互作用，共同推动了古代诚信美德的形成和发展。同时，也为现代诚信美德的转型和发展提供了重要的历史借鉴和启示。

二、传统诚信美德的发展脉络

传统诚信美德在中国历史长河中经历了漫长而丰富的发展脉络。下面将从四个方面对传统诚信美德的发展脉络进行深入分析。

（一）先秦时期的诚信理念萌芽

先秦时期，诚信美德的理念开始萌芽。这一时期的儒家学派，尤其是孔子和孟子，对诚信美德进行了深入的探讨和阐释。孔子提出了"言必信，行必果"的道德准则，强调言行一致、信守承诺的重要性。孟子则进一步将诚信视为天之道，认为诚信不仅是人与人交往的基石，更是社会秩序得以维持的根本。此外，先秦时期的法家、道家等学派也对诚信有所涉及，形成了多元并存的诚信思想体系。这一时期的诚信理念为后世的诚信美德发展奠定了坚实的理论基础。

（二）秦汉至唐宋时期的诚信美德发展

秦汉至唐宋时期，诚信美德得到了进一步的发展和完善。在这一时期，随着封建社会的确立和稳定，诚信美德成为社会道德体系的重要组成部分。政治领域，统治者注重以诚信治国，通过诚信政策来稳定民心、巩固政权。经济领域，商人开始注重商业信誉和口碑，诚信成为商业活动的重要原则。文化领域，文人墨客通过诗词歌赋等形式赞美诚信美德，形成了丰富的诚信文化。同时，这一时期的法律制度也进一步强调了诚信的重要性，如《唐律疏议》中就有关于失信行为的明确规定和惩罚措施。这些举措共同推动了诚信美德在社会各个领域的普及和深化。

（三）元明清时期的诚信美德传承与变异

元明清时期，传统诚信美德在传承中出现了变异。在这一时期，由于政治、经济、文化等方面的变化，诚信美德的内涵和外延也发生了一定的变化。政治领域，统治者虽然仍然强调以诚信治国，但在实际操作中往往存在失信行为，导致民众对政府的信任度下降。经济领域，商业活动日益繁荣，但同时也出现了一些商业欺诈和不诚信行为，破坏了商业环境的健康发展。文化领域，虽然文人墨客仍然赞美诚信美德，但也有一些作品开始探讨诚信与利益、诚信与权力等复杂关系。这些变化使得传统诚信美德在传承中出现了变异，但也为现代诚信美德的转型和发展提供了重要的历史借鉴。

（四）近现代诚信美德的转型与重构

近现代以来，随着社会的变革和发展，传统诚信美德面临转型与重构的挑战。在这一时期，因为西方文化的传入和现代化进程的推进，使得传统诚信美德受到了冲击和质疑。然而，正是在这样的背景下，传统诚信美德也展现出强大的生命力和适应性。一方面，传统诚信美德在传承中得到了弘扬和发展，成了现代社会道德体系的重要组成部分；另一方面，传统诚信美德也在与现代社会的互动中进行了自我更新和重构，形成了具有时代特色的现代诚信美德。这种转型与重构不仅体现了传统诚信美德的适应性和生命力，也为现代社会的道德建设提供了重要的启示和借鉴。

三、历史名人中的诚信美德典范

在中国悠久的历史长河中，众多历史名人以其卓越的成就和高尚的品德，成了诚信美德的典范。下面将从四个方面分析这些历史名人中的诚信美德典范。

（一）政治领袖

政治领袖作为国家的代表和领导者，其言行举止对于社会风尚有着深远的影响。在中国历史上，有许多政治领袖以诚信著称，他们通过自身的言行树立了诚信的典范。例如，唐太宗李世民，他以诚信治国，推行贞观之治，开创了唐朝盛世。他注重选拔诚信正直的官员，对失信行为严惩不贷，使得朝廷风气清明，社会安定繁荣。此外，诸葛亮作为蜀汉的丞相，也是诚信的典范。他一生忠诚于蜀汉政权，恪尽职守，为国家的繁荣富强呕心沥血。他的诚信和忠诚，赢得了后世的广泛赞誉。

这些政治领袖不仅具有高尚的品德，更具有治国理政的智慧和才能。他们通过自身的言行，引领了社会的道德风尚，为后世树立了诚信的榜样。

（二）文化名人

在中国历史上，有很多文化名人以其卓越的才华和高尚的品德，成为诚信美德的典范。他们通过诗词歌赋、散文小说等文学作品，赞美和弘扬了诚信美德。例如，唐代诗人李白的诗歌中充满了对诚信的赞美和追求。他的"海内存知己，天涯若比邻"等诗句，表达了对朋友之间诚信交往的向往和追求。宋代文学家苏轼的散文中也不乏对诚信的探讨和赞美。他的"言必信，行必果"等观点，体现了对诚信的坚定信念和追求。

这些文化名人不仅丰富了中华文化的内涵，也传承了诚信的美德。他们的作品和思想影响了无数读者和后人，使得诚信美德在中华文化中得以传承和弘扬。

（三）商业巨子

在中国历史上，不乏商业巨子以其诚信经营和良好信誉，成为诚信美德的典范。他们通过自身的努力和智慧，创造了辉煌的商业成就，也树立了诚信的商业形象。例如，明清时期的晋商和徽商，他们注重商业信誉和口碑，以诚信经营赢得了客户的信任和尊重。他们不仅在商业活动中坚持诚信原则，还积极参与社会公益事业，回馈社会。

这些商业巨子不仅推动了商业活动的繁荣和发展，也提升了整个社会的道德水平。

（四）民间英雄

在民间，也有许多英雄人物以其诚信行为和高尚品德，成为诚信美德的典范。他们虽然生活在普通人群中，但他们的诚信行为却闪耀着人性的光辉。例如，一些普通的农民、工匠和商贩，他们以自己的诚信行为赢得了周围人的尊重和信任。他们诚实守信、勤劳善良、乐于助人的品质，成为人们学习的榜样。

这些民间英雄，名声虽然不如政治领袖、文化名人和商业巨子那样显赫，但他们的诚信行为却更加贴近人们的日常生活，具有更强的感染力和影响力。

综上所述，历史名人中的诚信美德典范体现在政治领袖、文化名人、商业巨子和民间英雄等多个方面。他们以自己的言行和成就，树立了诚信的典范，为后人提供了宝贵的道德财富和精神动力。

四、诚信美德在不同历史时期的特点

诚信美德在中国悠久的历史长河中，经历了不同的发展阶段，形成了各具特色的历史特点。下面将从四个方面，即先秦时期、秦汉至唐宋时期、元明清时期以及近现代，分析诚信美德在不同历史时期的特点。

（一）先秦时期的诚信美德特点

先秦时期，诚信美德的特点主要体现在道德哲学思想的奠基和初步形成上。这一时期，儒家、道家等学派纷纷对诚信进行了深入的探讨和阐释，形成了诚信的基本理念。儒家强调"言必信，行必果"，将诚信视为君子的基本品德；道家倡导"诚信自然"，认为诚信是顺应自然规律的表现。这些思想为后世诚信美德的发展奠定了坚实的理论基础。同时，先秦时期的诚信美德也注重个人修养和品德的塑造，强调诚信是为人处世的基本原则。

（二）秦汉至唐宋时期的诚信美德特点

秦汉至唐宋时期，诚信美德得到了进一步的发展和完善，更加系统化和规范化。在政治领域，统治者开始注重以诚信治国，通过推行诚信政策来维护社会稳定和巩固民心。在经济领域，商业活动逐渐繁荣，商人开始注重商业信誉和口碑，诚信成为商业活动的重要原则。同时，这一时期的法律制度也进一步强调了诚信的重要性，对失信行为进行了明确的惩罚规定。此外，文化领域也涌现出了大量赞美诚信美德的文学作品，如唐诗、宋词等，这些作品不仅丰富了诚信美德的内涵，也提升了其社会地位和影响力。

（三）元明清时期的诚信美德特点

元明清时期，诚信美德在传承中出现了新的特点。一方面，由于社会制度的变革和商品经济的发展，诚信美德的内涵和外延得到了拓展和深化。在商品经济领域，诚信成为商业活动的基本准则，商人更加注重商业信誉和口碑的建设。同时，在法律领域，对失信行为的惩罚力度也进一步加大，体现了社会对诚信的更加重视。另一方面，由于外来文化的冲击和内部矛盾的加剧，诚信美德在传承中也出现了一定的变异和冲突。然而，正是这些变异和冲突，促使诚信美德不断发展和完善。

（四）近现代的诚信美德特点

近现代以来，诚信美德面临着新的机遇和挑战。一方面，随着全球化的深入发展和市场经济的不断完善，诚信成为国际交往和商业活动的重要原则。在这一背景下，诚信美德的内涵和外延得到了进一步拓展和深化，形成了更加开放、多元和包容的特点。另一方面，随着现代信息技术的普及和应用，信息传播速度加快，社会透明度提高，这也为诚信美德的传承和发展提供了新的机遇的同时，也使得现代社会面临着一些诚信问题，如商业欺诈、学术不端等，这些问题对诚信美德的传承和发展提出了新的挑战。因此，我们需要进一步加强诚信教育和制度建设，推动诚信美德在现代社会中的发展和完善。

综上所述，诚信美德在不同历史时期呈现出不同的特点和发展趋势。从先秦时期的道德哲学思想奠基到近现代的开放多元特点形成，诚信美德在中国历史长河中不断发展和完善，成为中华民族传统美德的重要组成部分。

第二节　现代诚信的内涵与外延

一、现代诚信的基本含义

在现代社会，诚信作为一种重要的社会价值观和道德准则，其内涵和外延相比传统社会有了更为丰富和复杂的表现。下面将从四个方面对现代诚信的基本含义进行深入分析。

（一）个人品德层面的诚信

在个人品德层面，现代诚信主要体现为个人的真实、守信和正直。首先，真实是指个人在言谈举止上要真实可信，不撒谎、不欺骗，坦诚面对自己和他人。这种真实性是建立个人诚信的基础，也是赢得他人信任和尊重的前提。其次，守信是指个人要恪守承诺，言出必行，对自己的言行负责。无论是在工作、学习还是在生活中，守信都是一个人品质的重要体现。最后，正直是指个人要坚守道德原则，不偏不倚，勇于承担责任。正直的人能够坚持自己的信仰和原则，不为利益所动，从而赢得他人的敬佩和信任。

在现代社会，个人品德层面的诚信对于个人的成长和发展具有重要意义。它不仅能够提升个人的道德水平和社会声誉，还能够增强个人的自信心和竞争力。因此，每个人都应该注重培养自己的诚信品质，做到真实、守信和正直。

（二）经济交往层面的诚信

在经济交往层面，现代诚信主要体现为商业活动中的诚实守信和公平竞争。商业活动是现代社会的重要组成部分，诚信则是商业活动得以顺利进行的基础。在商业活动中，各方应遵守合同规定，履行自己的义务，不欺诈、不作弊。同时，各方还应公平竞争，不采取不正当手段谋取利益。这种诚实守信和公平竞争的商业环境能够降低交易成本，提高交易效率，促进经济的繁荣和发展。

在现代社会，经济交往层面的诚信对于维护市场秩序和保障消费者权益具有重要意义。只有建立起诚实守信和公平竞争的商业环境，才能够吸引更多的投资和消费，推动经济的持续健康发展。

（三）社会治理层面的诚信

在社会治理层面，现代诚信主要体现为政府、企业和个人之间的信任关系。政府作为社会治理的主体之一，其诚信程度直接影响社会的稳定和发展。政府应恪守承诺，履行自己的职责和义务，为民众提供优质的服务和保障。同时，政府还应加大监管和执法力度，打击失信行为，维护社会的公平正义。企业和个人也应遵守法律法规和道德规范，自觉履行社会责任和义务，为社会的和谐稳定贡献力量。

在社会治理层面建立诚信体系能够增强社会的凝聚力和向心力，促进社会的和谐稳定发展。同时，也能够提高政府的公信力和民众的满意度，增强社会的整体幸福感。

（四）文化精神层面的诚信

在文化精神层面，现代诚信主要体现为对传统文化的传承和创新。诚信作为中华民族传统美德的重要组成部分，在现代社会中仍然具有重要的价值和意义。我们应该继承和发扬传统文化中的诚信精神，同时也要结合现代社会的发展需求进行创新和发展。通过弘扬诚信文化、宣传诚信典型等方式，让诚信成为社会的共同价值追求和行为准则。同时，也要加强诚信教育和道德建设，提高全社会的道德素质和文明程度。

在文化精神层面建立诚信体系能够提升社会的文化软实力和国际影响力，提升国家的整体形象和地位。同时，也能够推动社会的文明进步和人的全面发展。

二、诚信美德在现代社会的多维解读

在现代社会，诚信美德不仅仅是一种道德准则，更是支撑社会运行的重要基石。下面将从四个方面对诚信美德在现代社会的多维解读进行详细分析。

（一）社会交往中的诚信美德

在现代社会，人们之间的交往日益频繁和复杂，诚信美德在社会交往中发挥着至关重要的作用。首先，诚信是建立人际关系的基石。在人际交往中，真实、守信、正直的诚信品质能够赢得他人的信任和尊重，促进人际关系的和谐稳定发展。其次，诚信是社会秩序稳定的保障。在公共生活中，人们需要遵守各种规则和法律，诚信则是这些规则和法律得以有效执行的基础。只有当每个人都能够诚实守信地履行自己的义务和责任时，社会秩序才能够稳定。

从更深层次看，诚信美德在现代社会交往中体现了一种对公平、正义和道德的尊重。在一个诚信的社会环境中，人们更容易形成共同的价值观和道德标准，从而增强社会的凝聚力和向心力。此外，诚信还能够促进社会资源的优化配置和合理利用，提高社会运行效率。

（二）经济领域的诚信美德

在经济领域，诚信美德同样具有举足轻重的地位。首先，诚信是商业活动的基本准则。在市场经济条件下，商业活动需要依靠合同、协议等法律文件来规范双方的行为。诚信则是这些法律文件得以有效执行的基础。只有当双方都能诚实守信地履行自己的义务和责任时，商业活动才能顺利进行。其次，诚信是品牌建设的核心要素。一个企业的品牌形象往往与其诚信程度密切相关。只有那些始终坚守诚信原则、提供优质产品和服务的企业才能赢得消费者的信任和忠诚。

最后，诚信美德在经济领域还体现在对公平竞争和知识产权的尊重上。在一个诚信的市场环境中，企业之间需要依靠公平竞争来争夺市场份额和资源。知识产权则是保护创新成果、促进科技进步的重要保障。只有当企业和个人都能够尊重和保护知识产权时，才能够推动经济的可持续健康发展。

（三）政治领域的诚信美德

在政治领域，诚信美德同样具有重要意义。首先，诚信是政治活动的基本要求。政治家和政府官员需要恪守承诺、履行责任、为人民服务。只有当政治家和政府官员始终坚守诚信原则时，才能够赢得民众的信任和支持。其次，诚信是政治治理的重要基石。在一个诚信的政治环境中，政府需要依法行政、公正执法、保障人民权益。只有当政府坚守诚信原则时，才能有效地维护社会稳定和公平正义。最后，诚信美德在政治领域还体现在对民主、法治和公正的尊重上。在一个诚信的政治环境中，民众可以更加积极地参与政治生活、表达自己的意愿和诉求。同时，政府也需要通过加强法治建设、保障司法公正等方式来维护社会的公平和正义。

（四）文化精神层面的诚信美德

在文化精神层面，诚信美德是传承和弘扬中华优秀传统文化的重要体现。首先，诚信是中华民族传统美德的重要组成部分。在中华五千年的文明历史中，诚信一直被视为一种高尚的道德品质和精神追求。通过弘扬诚信文化、传承诚信美德，可以让更多的人了解和认同中华文化的精髓和价值。其次，诚信是现代社会文明进步的重要标志。在一个诚信的社会环境中，人们更加注重道德修养和精神追求，从而推动社会的文明进步和人的全面发展。最后，诚信美德在文化精神层面还体现在对多元文化的包容和尊重上。在全球化的时代背景下，不同文化之间的交流和融合已经成为一种必然趋势。通过弘扬诚信美德可以促进不同文化之间的理解和尊重，推动文化的多样性和包容性发展。

三、现代诚信与其他价值观的关联

在现代社会，诚信美德并非孤立存在，而是与其他价值观紧密相连、相互影响。下面将从四个方面详细分析现代诚信与其他价值观的关联。

（一）诚信与责任感的关联

诚信与责任感之间存在着密切的联系。诚信的本质在于真实、守信、正直，这要求个体的言行举止始终保持一致，对自己的承诺和行为负责。责任感强调个体对自己、他人和社会的义务和担当。当个体具备诚信美德时，他会更加自觉地履行自己的责任，因为他深知自己的言行将会对他人和社会产生影响。同时，责任感也会促使个体坚守诚信原则，因为他明白自己的失信行为将会损害他人的利益，违背自己的道德准则。

例如，在商业领域，一个诚信的商人会坚守商业道德，对消费者负责，提供优质的产品和服务。这种责任感不仅体现在对消费者的承诺上，更体现在对社会的贡献上。商人通过诚信经营，不仅赢得了消费者的信任，也为社会创造了价值。

（二）诚信与公正性的关联

诚信与公正性之间同样存在着紧密的关联。公正性要求个体在处理事务时保持公平、公正的态度，不偏袒任何一方。诚信要求个体在言行中保持真实、守信，不欺骗、不隐瞒。当个体具备诚信美德时，他会更加倾向于公正地处理事务，因为他深知欺骗和隐瞒将会损害他人的利益，破坏社会的公正性。同时，公正性也会促使个体坚守诚信原则，因为他明白公正地处理事务需要建立在真实、守信的基础上。

在司法领域，法官和律师等法律从业者必须具备高度的诚信美德和公正性。他们需要在审理案件时保持公正的态度，不偏袒任何一方，同时坚守诚信原则，不隐瞒、不歪曲事实。这种诚信和公正的精神是司法公正的重要保障。

（三）诚信与尊重的关联

诚信与尊重之间也存在着密切的联系。尊重意味着对他人权利和尊严的认可和维护。诚信要求个体在言行中保持真实、守信，不欺骗、不侵犯他人的权益。当个体具备诚信美德时，他会更加尊重他人的权利和尊严，因为他深知自己的失信行为将会损害他人的利益，破坏人与人之间的信任关系。同时，尊重也会促使个体坚守诚信原则，因为他明白尊重他人需要建立在真实、守信的基础上。

在人际交往中，诚信和尊重是相互促进的。一个人如果缺乏诚信，就很难赢得他人的尊重；一个人如果缺乏尊重，也很难保持诚信。因此，建立在诚信和尊重基础上的人际关系才能长久、稳定。

（四）诚信与创新精神的关联

诚信与创新精神之间似乎存在一定的矛盾，但实际上它们之间也存在关联。创新需要个体勇于尝试、敢于突破，但这也需要个体在追求创新的过程中保持诚信原则。因为创新并非空中楼阁，而是建立在已有知识和经验的基础上的。如果个体在追求创新的过程中不遵守诚信原则，抄袭、剽窃他人的成果，那么这种创新将失去意义和价值。

同时，诚信也能为创新提供有力的保障。在诚信的环境中，人们更愿意分享知识和经验，促进信息的流通和交流。这种环境有利于创新思维的产生和发展，为创新提供更多的可能性和机会。因此，诚信和创新精神是相互依存、相互促进的。

四、现代诚信对个人与社会的意义

在现代社会，诚信美德对个人和社会都具有深远的意义。它不仅是个体品质的重要体现，也是社会和谐稳定的基石。下面将从四个方面详细分析现代诚信对个人与社会的意义。

（一）个人品质塑造与成长

诚信作为个人品质的重要组成部分，对于个体的成长和发展具有不可忽视的作用。首先，诚信有助于塑造个人的良好形象。一个诚实守信的人，更容易获得他人的信任和尊重，进而在人际交往中建立良好的关系网络。其次，诚信能够提升个人的道德水平。坚守诚信原则，意味着个体在言行举止中始终遵循道德准则，这有助于培养个人的道德观念和责任感。最后，诚信有助于实现个人的价值追求。一个具备诚信品质的人，在追求个人目标时，更能够坚持原则、脚踏实地，实现真正的自我价值和成就。

在现代社会，个人品质对于个人的职业发展和生活质量具有决定性的影响。一个具备诚信品质的人，在求职、创业等方面更容易获得他人的认可和支持，从而取得更好的成绩和收获。因此，诚信对于个人品质的塑造和成长具有至关重要的意义。

（二）社会信任与和谐稳定

诚信是社会信任的基础，也是社会和谐稳定的保障。一个充满诚信的社会，人们之间的信任关系更加牢固，社会交往更加顺畅。在这样的社会中，人们更容易形成共同的价值观和道德准则，增强社会的凝聚力和向心力。同时，诚信也有助于减少社会矛盾和冲突，维护社会的和谐稳定。当个体都具备诚信品质时，他们会更加尊重他人的权利和利益，遵守社会规则和法律，减少因不诚信行为而引发的纠纷和冲突。

在现代社会，随着经济的发展和社会的进步，人们对于诚信的需求越来越强烈。一个缺乏诚信的社会，将导致人们之间的信任关系破裂、社会交往受阻，进而影响社会的稳定和发展。因此，加强诚信建设、提高社会的诚信水平，对于维护社会的和谐稳定具有重要意义。

（三）经济繁荣与可持续发展

诚信对于经济繁荣和可持续发展同样具有重要意义。首先，诚信是市场经济的基础。在市场经济中，企业之间的合作和竞争都需要建立在诚信的基础上。只有当企业都遵守诚信原则时，才能够实现公平竞争和互利共赢的局面。其次，诚信有助于提高企业的竞争力和信誉度。一个具备诚信品质的企业，能够赢得消费者的信任和忠诚，进而在市场竞争中占据优势地位。最后，诚信有助于推动经济的可持续发展。在诚信的环境中，企业更加注重产品质量和服务质量，避免欺诈和违法行为的发生，为经济的可持续发展提供有力保障。

在现代社会，经济繁荣和可持续发展是国家和社会的重要目标。诚信作为推动经济繁荣和可持续发展的重要力量，其重要性不言而喻。因此，加强诚信建设，提高企业和个人的诚信水平，对于推动经济繁荣和可持续发展具有重要意义。

（四）文化传承与创新发展

诚信作为中华民族传统美德的重要组成部分，对于文化传承和创新发展具有重要意义。首先，诚信是文化传承的基础。在传承和弘扬中华优秀传统文化的过程中，我们需要坚守诚信原则，尊重历史、尊重传统，确保文化的真实性和完整性。其次，诚信有助于推动文化的创新发展。在创新的过程中，我们需要借鉴和吸收其他文化的优秀元素，但同时也要保持自己的独特性和创新性。只有坚守诚信原则，才能在借鉴和融合中实现文化的创新发展。

在现代社会，随着全球化的深入发展和文化交流的不断加强，我们需要更加重视诚信在文化传承和创新发展中的作用。通过加强诚信建设、提升人们的诚信意识和道德水平，我们可以更好地传承和弘扬中华优秀传统文化，同时推动文化的创新和发展。

第三节　诚信美德的现代转型策略

一、加强诚信教育与宣传

（一）深化教育内容，树立诚信观念

加强诚信教育首先需要深化教育内容，使诚信观念深入人心。在教育内容上，应从传统文化中汲取诚信的精髓，结合现代社会的实际情况，制订具有针对性的教育方案。通过讲述诚信故事、分析诚信案例、开展诚信主题活动等方式，引导人们理解诚信的含义和重要性，认识到诚信对个人和社会的重要性。

此外，教育内容的深化还需要注重诚信价值观的传递。诚信不仅是一种道德规范，更是一种价值观。在教育过程中，应强调诚信价值观的核心地位，将其贯穿于教育教学的各个环节。通过培养学生的诚信意识，让他们在日常生活中践行诚信，自觉主动地养成诚信的品质。

（二）拓宽教育渠道，提高教育效果

加强诚信教育需要拓宽教育渠道，提高教育效果。在教育渠道上，可以采用多种形式，如课堂教学、课外活动、社会实践等。课堂教学是传授诚信知识的重要途径，但单一的课堂教学难以满足不同学生的需求。因此，可以通过组织讲座、研讨会等活动，邀请专家学者或诚信楷模来分享诚信经验和感悟，激发学生遵守诚信的热情。

同时，还可以利用新媒体等现代技术手段，拓宽教育渠道。通过建设诚信网站、制作诚信微电影等方式，让诚信教育更加生动有趣，更容易引起人们的关注和共鸣。此外，还可以通过社交媒体等平台，加强诚信教育的互动性和参与性，让更多的人参与到诚信教育中来。

（三）加强家庭教育，培养诚信品质

家庭是诚信教育的重要阵地。在家庭中，父母是孩子的第一任老师，他们的言行举止对孩子的成长有着深远的影响。因此，加强家庭教育对于培养诚信品质具有重要意义。

在家庭教育中，父母应注重自身的诚信示范。通过日常生活中的点滴细节，如不迟到、不失约等，为孩子树立诚信的榜样。同时，父母还应关注孩子的行为表现，及时纠正孩子的不诚信行为，引导他们树立正确的价值观和道德观。

此外，家庭还可以通过制定家庭规则、开展家庭活动等方式，加强诚信教育。例如，可以制定家庭诚信公约，明确家庭成员的诚信义务和责任；可以组织家庭诚信日活动，让孩子在实践中体验诚信的重要性和价值。

（四）营造诚信氛围，形成社会共识

加强诚信教育需要营造诚信氛围，形成社会共识。在社会层面上，可以通过加强媒体宣传、开展诚信主题活动等方式，营造诚信的社会氛围。媒体是传播诚信价值观的重要渠道，可以通过报道诚信典型、揭露不诚信行为等方式，引导公众树立正确的诚信观念。

同时，政府和社会组织也可以开展各种诚信主题活动，如诚信文化节、诚信知识竞赛等，增强公众的诚信意识和参与度。通过这些活动，可以让更多的人了解诚信的重要性和价值，形成全社会共同维护诚信的良好氛围。

总之，加强诚信教育与宣传需要从多方面入手，深化教育内容、拓宽教育渠道、加强家庭教育、营造诚信氛围等。只有这样，才能有效地增强人们的诚信意识和素质，为社会的和谐发展奠定坚实的基础。

二、完善法律法规与制度保障

（一）明确法律条款，增强法律约束力

为了有效应对诚信缺失问题，首先需要完善法律法规、明确法律条款，以增强法律约束力。这意味着立法机构需要针对诚信缺失的现象，制定或修订相关法律法规，明确诚信的定义、标准和要求，并对违反诚信的行为进行明确的法律界定和处罚规定。例如，在商业领域，可以制定更加严格的商业欺诈、虚假宣传等行为的法律条款，加大对这些行为的打击力度。

在明确法律条款的同时，还需要加强法律的宣传和教育。通过普法活动、法律讲座等形式，让公众了解与诚信相关的法律法规，明确自己的权利和义务，增强法律意识和诚信意识。同时，也要加强对执法人员的培训和教育，提高他们的法律素养和执法水平，确保法律有效执行。

（二）建立健全信用体系，强化信用监管

完善法律法规与制度保障还需要建立健全信用体系，强化信用监管。信用体系是社会诚信建设的重要基础，通过对个人和企业的信用记录、信用评价、信用奖惩等方面的管理，可以形成有效的信用约束机制。政府应该牵头建立全国性的信用信息系统，整合各部门、各领域的信用信息，实现信用信息的共享和互通。

在信用监管方面，需要加大对失信行为的惩戒力度。对于违反诚信原则的行为，除了依法进行处罚外，还应该纳入信用记录，对失信者进行信用惩戒。例如，在商业领域，可以建立"黑名单"制度，对失信企业进行公示和惩戒；在社会领域，可以建立"失信被执行人"制度，对拒不履行法院判决的失信个人进行限制和惩戒。

（三）加大执法力度，确保法律有效执行

完善法律法规与制度保障还需要加大执法力度，确保法律有效执行。执法部门应该严格按照法律法规进行执法活动，对违反诚信原则的行为进行严厉打击。同时，还需要加强对执法人员的培训和教育，提高他们的法律素养和执法水平，确保执法活动的公正性和有效性。

此外，还需要建立健全的执法监督机制。通过加强内部监督、社会监督等方式，对执法活动进行监督和检查，确保执法活动的合法性和公正性。对执法过程中的不当行为或违法行为，应该依法进行查处和纠正。

（四）推动跨部门合作，形成合力

完善法律法规与制度保障还需要推动跨部门合作，形成合力。诚信建设是一个系统工程，需要政府、企业、社会等各方面的共同努力。因此，在完善法律法规与制度保障的过程中，需要加强各部门的沟通与协作，形成合力。

具体来说，可以建立跨部门的工作机制或协调机制，明确各部门的职责和任务，加强信息共享和互通。同时，还可以开展联合执法、联合惩戒等活动，对违反诚信原则的行为进行联合打击和惩戒。此外，还需要加强与国际社会的合作与交流，借鉴国际上的先进经验和做法，共同推动诚信建设事业的发展。

三、构建诚信评价与奖惩机制

（一）确立科学评价体系，量化诚信标准

构建诚信评价与奖惩机制的首要任务是确立科学、公正、合理的评价体系，以量化诚信标准。这一体系应当基于诚信的核心价值观，涵盖个人、企业、政府等各个社会主体的行为表现。具体来说，可以通过制定详细的评价标准，如合同履行情况、产品质量、纳税记录、社会公益参与等，来衡量不同主体的诚信水平。

在评价体系的建设过程中，应注重科学性和公正性。这意味着评价标准应基于客观事实和数据，避免主观臆断和偏见。同时，评价过程应公开透明，

接受社会各界的监督和评价。通过引入第三方评估机构或专家团队，可以提高评价体系的客观性和权威性。

（二）建立全面奖惩机制，激励诚信行为

在确立科学评价体系的基础上，需要建立全面、有效的奖惩机制，以激励诚信行为、惩罚失信行为。对于诚信水平高的个人和企业，可以给予政策优惠、融资支持、税收优惠等奖励措施，提高他们的社会地位和经济利益。同时，对于诚信水平低的个人和企业，可以采取限制融资、限制市场准入、公开曝光等惩罚措施，让他们承担失信的成本和代价。

在奖惩机制的建设过程中，应注重公平性和合理性。这意味着奖惩措施应基于评价结果和实际情况，避免过度奖惩或歧视性奖惩。同时，奖惩过程应公开透明，接受社会各界的监督和评价。通过建立健全的申诉和复议机制，可以保障被奖惩对象的合法权益。

（三）加强信息共享与互联互通，提高奖惩效率

构建诚信评价与奖惩机制需要加强信息共享与互联互通。这意味着不同部门、不同领域之间的信息要实现共享和互通，以便及时、准确地了解个人和企业的诚信状况。通过建设全国性的信用信息系统和数据库，可以实现信息的集中存储和统一管理，提高信息的使用效率和准确性。

在信息共享与互联互通的过程中，需要注重信息安全和隐私保护。这意味着在收集、存储、使用个人信息时，需要遵循相关法律法规和伦理规范，确保个人信息安全和隐私不被泄露。同时，也需要加强技术防范措施和监管机制，防止信息被非法获取和滥用。

（四）加强社会监督与舆论引导，形成诚信文化

构建诚信评价与奖惩机制需要加强社会监督和舆论引导。通过媒体宣传、开展诚信主题活动等方式，可以提高公众对诚信的认识和重视程度，形成全社会共同维护诚信的良好氛围。同时，也需要加大社会监督力度，鼓励公众举报失信行为，形成全社会共同参与诚信建设的格局。

在加强社会监督和舆论引导的过程中，需要注重客观性和公正性。这意味着媒体在报道诚信相关事件时，需要遵循事实真相和客观原则，避免夸大

其词或歪曲事实。同时，也需要加强媒体自律和监管机制，防止不实报道和恶意炒作对诚信建设造成负面影响。通过加强社会监督和舆论引导，可以形成诚信文化，增强全社会的诚信意识和道德水平。

四、推动社会诚信文化建设

（一）弘扬传统诚信文化，传承优秀品质

社会诚信文化的建设需要从弘扬传统诚信文化开始，传承优秀品质。中国传统文化中蕴含着丰富的诚信思想和价值观，如"言必信，行必果""人无信不立"等，这些思想对于现代社会诚信文化的形成具有重要的启示意义。

要弘扬传统诚信文化，首先需要加强对传统文化的挖掘和整理，让更多人了解和学习传统文化中的诚信思想。通过开设传统文化课程、举办传统文化讲座、出版传统文化书籍等方式，让公众更深入地了解传统文化的内涵和价值。同时，媒体也应发挥宣传作用，通过报道诚信故事、播放诚信公益广告等方式，让诚信文化深入人心。

在传承优秀品质方面，应着重培养人们的诚信意识。诚信意识是诚信行为的前提和基础，只有具备了诚信意识，人们才会自觉地遵守诚信原则，践行诚信行为。因此，教育机构和家庭应加强对青少年的诚信教育，让他们从小养成诚信的好习惯。同时，社会也应加强对成年人的诚信教育，提高全社会的诚信水平。

（二）倡导诚信风尚，树立诚信榜样

推动社会诚信文化建设需要倡导诚信风尚，树立诚信榜样。诚信风尚是指社会上普遍认同和追求的诚信行为和价值观，它能够激励人们自觉遵守诚信原则，形成诚信的社会氛围。

要倡导诚信风尚，首先需要加强诚信宣传。通过举办诚信主题活动、开展诚信知识竞赛、评选诚信典型等方式，让更多的人了解和参与诚信建设。同时，媒体也应积极宣传诚信典型和诚信事迹，让诚信榜样成为公众的榜样和标杆。

在树立诚信榜样方面，应注重发现和表彰具有诚信品质的个人和企业。这些个人和企业通过自身的诚信行为赢得了社会的认可和尊重，他们的先进事迹和典型经验对于推动社会诚信文化建设具有重要的示范和引领作用。因此，政府和社会组织应加强对诚信典型的表彰和宣传，让更多的人了解和学习他们的先进事迹。

（三）加强社会诚信教育，提高全民素质

推动社会诚信文化建设需要加强社会诚信教育，提高全民素质。诚信教育是增强人们诚信意识和素质的重要途径，只有加强诚信教育，才能让人们更加自觉地遵守诚信原则，践行诚信行为。

要加强社会诚信教育，首先需要制定科学的诚信教育计划。计划应该根据不同年龄段、不同社会群体的特点和需求，制定相应的教育内容和方法。例如，对于青少年，可以通过开展诚信主题活动、举办诚信讲座等方式进行教育；对于成年人，可以通过开设诚信课程、举办诚信培训等方式进行教育。

同时，还需要加强诚信教育的师资力量建设。通过培训和教育，增强教师的诚信意识和素质，让他们成为诚信教育的传播者和实践者。此外，还需要加强诚信教育的教材建设，编写符合时代特点和学生需求的诚信教育教材，提高教育质量和效果。

（四）加强制度建设，保障诚信文化持续发展

推动社会诚信文化建设需要加强制度建设，保障诚信文化持续发展。制度建设是保障诚信文化有效运行的重要保障，只有加强制度建设，才能确保诚信文化长期、稳定地发展。

要加强制度建设，首先需要制定和完善相关法律法规和政策文件。这些法律法规和政策文件应该明确诚信文化的地位和作用，规定诚信行为的标准和要求，并对违反诚信原则的行为进行明确的处罚和惩戒规定。同时，还需要加强对法律法规和政策文件的宣传和教育，让更多的人了解和遵守这些规定。

此外，还需要加强社会组织的建设和管理。社会组织是推动社会诚信文化建设的重要力量，只有加强社会组织的建设和管理，才能确保它们有效地

发挥作用。政府应该加强对社会组织的监管和指导，支持它们开展诚信教育和宣传活动，促进社会组织与政府部门之间的合作和协调。

第四章　尊老爱幼美德的现代诠释

第一节　尊老爱幼美德的传统意义

一、尊老爱幼的历史渊源

尊老爱幼作为中华民族的优秀传统美德，承载了深厚的历史文化底蕴和社会价值。本小节将从以下四个方面分析尊老爱幼美德的历史渊源，以期更好地理解其传统意义。

（一）家庭伦理的基石

尊老爱幼作为家庭伦理的基石，自古以来就是家庭和睦、社会和谐的重要保障。在古代社会，家庭是人们生活的基本单位，家族亲情和伦理关系是维持社会稳定的重要纽带。尊老爱幼强调了对长辈的尊敬和对晚辈的关爱，这种亲情伦理不仅有利于家庭成员之间和谐相处，也为社会的稳定和发展奠定坚实基础。

在家庭伦理的层面，尊老体现了对长辈的尊重和敬仰。长辈因其阅历在家庭中拥有丰富的经验和智慧，他们的教诲和指引对晚辈的成长至关重要。通过尊敬长辈，晚辈可以学习到更多的知识和品德，从而更好地履行自己的社会责任。同时，爱幼也体现了对晚辈的关爱和照顾。晚辈是家庭的未来和希望，他们只有得到家庭和社会的关爱和支持，才能更好地健康成长和发展。

（二）社会风尚的引领

尊老爱幼不仅是家庭伦理的基石，也是社会风尚的引领。在古代社会，尊老爱幼被视为一种高尚的道德品质和社会风尚，得到了广泛的推崇和传承。这种风尚不仅有利于社会的和谐稳定，也为社会的文明进步提供了不竭动力。

在社会风尚层面，尊老体现了对老年人的尊重和关怀。老年人是社会的宝贵财富，他们为社会的发展做出了重要贡献。尊重老年人、关爱老年人的实际生活和精神需求，是社会文明进步的重要标志。同时，爱幼也体现了对未成年人的关爱和教育。未成年人是国家的未来和希望，他们只有得到家庭和社会的全面关爱和教育，才能健康成长，成为社会的有用之才。

（三）文化传承的载体

尊老爱幼作为中华民族的优秀传统美德，也是文化传承的重要载体。通过尊老爱幼的实践和传承，我们可以更好地了解和传承中华民族的优秀传统文化。

在文化传承的层面，尊老爱幼体现了对传统文化的尊重和传承。尊老爱幼是中华民族的传统美德之一，它蕴含着丰富的文化内涵和道德智慧。通过尊老爱幼的实践和传承，我们可以更好地了解和传承中华民族的优秀传统美德和文化精髓，弘扬民族精神，增强文化自信。

（四）现代社会的价值意义

尊老爱幼美德在现代社会依然具有重要的价值意义。随着社会不断的发展和进步，人们的生活方式和价值观念发生了深刻的变化，但尊老爱幼的美德依然是社会和谐稳定的重要保障。

在现代社会的价值意义层面，尊老爱幼体现了对人性关怀的重视。在现代社会，人们面临着各种压力和挑战，需要得到更多的关怀和支持。尊老爱幼不仅是对长辈和晚辈的关怀和支持，更是体现着对人性的关怀。通过尊老爱幼的实践，我们可以增强社会的凝聚力和向心力，促进社会的和谐稳定和繁荣发展。同时，尊老爱幼也体现了对社会责任的担当。作为社会的一员，我们应该积极履行自己的社会责任和义务，为社会的繁荣和发展贡献自己的力量。

二、传统尊老爱幼美德的内涵

（一）尊敬长辈的崇高品德

在传统尊老爱幼美德中，尊敬长辈占据着核心地位。这一品德不仅体现了对长辈的尊重与敬仰，也体现了对家族、对社会的崇敬。尊敬长辈的内涵丰富而深刻，它要求晚辈在言行举止中都要体现出对长辈的恭敬和尊重。

首先，尊敬长辈表现为对长辈的礼节和态度。在传统文化中，晚辈在与长辈相处时，必须遵循一定的礼节和规矩，如见到长辈要行礼、问候，长辈讲话时不能随意插话等。这些礼节不仅是对长辈的尊重，也是对社会秩序和规范的有效维护。

其次，尊敬长辈还体现在对长辈的关心和照顾上。晚辈应该关心长辈的身体健康、生活起居，为长辈提供力所能及的帮助和支持。在长辈遇到困难时，晚辈应该挺身而出，为长辈排忧解难。这种关心和照顾不仅体现了晚辈的孝顺和责任心，也促进家庭的和睦与和谐。

最后，尊敬长辈还包括对长辈智慧和经验的尊重和传承。长辈在生活中积累了丰富的经验和智慧，这些经验和智慧对于晚辈的成长和发展具有重要的指导作用。晚辈应该虚心向长辈请教，尊重长辈的意见和建议，将长辈的智慧和经验传承下去。

（二）关爱幼小的深厚情感

尊老爱幼美德的另一个重要内涵是关爱幼小。这种关爱不仅是对未成年人的关爱和照顾，更是对人性关怀的重要体现。关爱幼小的内涵包括关心、爱护、教育和保护等多个方面。

首先，关爱幼小表现为对未成年人的关心和爱护。未成年人是社会的未来和希望，他们需要得到家庭和社会的全面关爱和照顾。家庭和社会应该为未成年人提供安全、健康、快乐的成长环境，关注他们的身心健康和成长需求。

其次，关爱幼小还体现在对未成年人的教育上。家庭和社会应该为未成年人提供全面的教育资源和机会，帮助他们树立正确的价值观和人生观，培养他们的品德和才能。同时，家庭和社会还应该关注未成年人的心理健康，及时帮助他们解决心理问题，伴其健康成长。

最后，关爱幼小还包括对未成年人的保护。未成年人在成长过程中面临着各种风险和挑战，家庭和社会应该为他们提供必要的保护措施，如制定相关法律法规、加强监管和执法等，确保未成年人的合法权益切实得到保障。

（三）传承与发展的责任担当

尊老爱幼美德还体现了传承与发展的责任担当。这种责任担当不仅是对家庭的责任担当，也是对社会、对国家的责任担当。

在家庭层面，尊老爱幼美德要求晚辈承担起照顾和关爱长辈的责任。这种责任不仅是对长辈的孝顺和尊敬，也是对家庭和睦与和谐的维护。同时，晚辈还应该承担起教育和引导下一代的重要责任，为家庭的未来和发展打下坚实基础。

在社会和国家层面，尊老爱幼美德要求每个人都要承担起传承和弘扬传统美德的责任。这种责任不仅是对传统文化的尊重和传承，也是对社会文明进步的推动。每个人都应该积极践行尊老爱幼传统美德，为社会的和谐稳定和繁荣发展贡献自己的力量。同时，我们还应该关注老年人的生活和需求，为他们提供更多的关爱和支持；关注未成年人的成长和教育，为他们创造更好的成长环境和发展机会。

三、尊老爱幼在传统文化中的地位

（一）家庭伦理的核心

在中华传统文化中，家庭是社会的基本单位，尊老爱幼则是家庭伦理的核心。这一美德深深植根于家庭关系中，是维系家庭和睦、传承家族血脉的重要纽带。

首先，尊老爱幼是家庭和谐的基石。在家庭中，长辈是家庭的支柱，他们承载着家族的历史、传统和智慧。尊老爱幼不仅要求晚辈对长辈充满敬意和感激之情，还要体现在实际行动中，如孝顺、关心、照顾长辈等。这种尊重与关爱的互动，使得家庭成员之间的关系更加紧密，家庭氛围更加和谐。

其次，尊老爱幼是家族传承的保障。家族是传统文化的重要载体，尊老爱幼则是家族传承的重要方面。通过尊老爱幼，晚辈可以学习到家族的历史、传统和价值观，从而将这些文化精髓传承下去。同时，长辈的智慧和经验也可以通过尊老爱幼得到传承和发扬，为家族的繁荣和发展提供有力支持。

最后，尊老爱幼还体现了家庭责任的担当。在家庭中，每个成员都有自己的责任和义务。尊老爱幼要求晚辈承担起照顾和关爱长辈的责任，同时也要求长辈对晚辈进行正确的引导和教育。这种责任的担当不仅体现了家庭成员之间的互助和关爱，也体现了家庭对社会的重要贡献和责任。

（二）社会道德的重要支柱

尊老爱幼不仅是家庭伦理的核心，也是社会道德的重要支柱。在传统文化中，尊老爱幼被视为一种高尚的道德品质，是社会和谐稳定的重要保障。

首先，尊老爱幼体现了对老年人的尊重和关怀。老年人是社会的宝贵财富，他们为社会的发展做出了重要贡献。尊老爱幼要求社会成员保障老年人的权益和地位，关心老年人的生活和需求，为老年人提供必要的帮助和支持。这种尊重和关怀不仅体现了对老年人的敬重和感激之情，也体现了社会的文明程度和道德水平。

其次，尊老爱幼还体现了对未成年人的关爱和教育。未成年人是社会的未来和希望，他们的成长和发展关系国家的兴衰和民族的未来。尊老爱幼要求社会为未成年人提供安全、健康、快乐的成长环境，关注他们的身心健康和成长需求。同时，社会还应该为未成年人提供全面的教育资源和机会，帮助他们树立正确的价值观和人生观，努力培养他们的品德和才能。

最后，尊老爱幼还体现了社会的责任和担当。社会是一个复杂的系统，需要每个成员都承担起自己的责任和义务。尊老爱幼要求社会成员在关注自身发展的同时，也要关注老年人的实际生活和需求以及未成年人的成长和教育。这种责任和担当不仅体现了社会的公平和正义，也体现了社会的凝聚力和向心力。

（三）文化传承的桥梁

尊老爱幼在传统文化中还具有文化传承的桥梁作用。这一美德不仅承载着家族的血脉和传统，还连接着过去和未来、传统和现代。

首先，尊老爱幼是传统文化的重要组成部分。在传统文化中，尊老爱幼被视为一种高尚的道德品质和社会风尚，得到了广泛的推崇和传承。通过尊老爱幼的实践和传承，我们可以更好地了解和传承中华民族的优秀传统美德和文化精髓。

其次，尊老爱幼也是连接过去和未来的桥梁。在传统社会中，尊老爱幼是维系家族血脉和传承家族传统的重要方式。在现代社会中，虽然社会结构和家庭结构发生了深刻的变化，但尊老爱幼的美德依然具有重要的实际意义和价值。它不仅是对传统文化的传承和弘扬，也是对未来社会的期许和展望。

最后，尊老爱幼是连接传统和现代的桥梁。在传统文化中，尊老爱幼体现了对长辈的尊重和对晚辈的关爱，这种美德在现代社会中依然具有重要的现实意义。通过尊老爱幼的实践和传承，我们可以将传统文化中的优秀元素融入现代社会，推动社会的文明进步和发展。

（四）国家治理的道德基石

尊老爱幼在传统文化中还具有国家治理的道德基石作用。这一美德不仅体现了社会的道德水平和文明程度，也为国家的治理提供了重要的道德支撑。

首先，尊老爱幼体现了国家的治理理念和价值观。在传统文化中，尊老爱幼被视为一种高尚的道德品质和社会风尚，得到了广泛的推崇和传承。这种美德体现了国家对老年人的尊重和关怀以及对未成年人的关爱和教育。在国家治理中，尊老爱幼的理念被渗透其中，成为国家治理的重要道德支撑。

其次，尊老爱幼还有利于维护社会的稳定和和谐。在传统文化中，尊老爱幼被视为一种社会和谐稳定的重要保障。通过尊老爱幼的实践和传承，可以增强社会的凝聚力和向心力，减少社会矛盾和冲突，进而维护社会的稳定和和谐。

最后，尊老爱幼还有利于培养公民的道德素质和社会责任感。尊老爱幼不仅是一种道德品质和社会风尚，也是一种社会责任和公民义务。通过尊老爱幼的实践和传承，可以培养公民的道德素质和社会责任感，提高公民的道德水平和社会文明程度。这对于国家的治理和社会的进步都具有重要的意义和价值。

四、传统尊老爱幼美德的当代价值

（一）构建和谐社会的道德基石

在当代社会，尊老爱幼美德依然具有不可替代的重要价值，成为构建和谐社会的道德基石。尊老爱幼强调的是人与人之间的相互尊重、关爱与帮助，这种精神内核对于化解社会矛盾、促进人际和谐具有重要意义和价值。

首先，尊老爱幼美德有助于建立和谐的家庭关系。家庭是社会的基本单位，家庭关系的和谐稳定是社会和谐稳定的基础。尊老爱幼要求晚辈对长辈充满敬意和感激之情，同时要求长辈对晚辈应进行正确的引导和教育。这种家庭氛围的营造，有利于培养家庭成员之间的互助、互爱、互信精神，为构建和谐家庭奠定坚实基础。

其次，尊老爱幼美德有助于构建和谐的社会环境。在社会交往中，尊老爱幼美德要求人们尊重他人、关爱他人、帮助他人，这种精神风貌能够减少社会冲突和矛盾，增进社会成员之间的理解和信任。同时，尊老爱幼美德还鼓励人们积极参与社会公益事业，为社会和谐稳定贡献自己微薄的力量。

最后，尊老爱幼美德还有助于培养公民的社会责任感。通过尊老爱幼的实践，人们能够深刻认识到自己在社会中的责任和义务，从而更加关注社会问题、参与社会建设。这种社会责任感的提升，有助于推动社会文明进步和发展。

（二）传承与弘扬中华优秀传统文化的重要途径

尊老爱幼作为中华优秀传统文化的重要组成部分，其当代价值还体现在传承与弘扬中华优秀传统文化方面。

首先，尊老爱幼美德是中华优秀传统文化的重要载体。通过尊老爱幼的实践和传承，我们可以更好地了解和领悟中华优秀传统文化的深层精髓和内涵。这种文化的传承和弘扬，有助于增强民族自信心和自豪感，推动中华文化的繁荣发展。

其次，尊老爱幼美德的当代实践也有助于推动中华优秀传统文化的创新发展。在当代社会，我们可以将尊老爱幼美德与现代社会价值观念相结合，探索出更加符合时代要求的道德准则和行为规范。这种创新发展的尝试，不仅能够推动中华文化的与时俱进，还能够为现代社会提供新的道德支撑和精神动力。

最后，尊老爱幼美德的传承与弘扬还有助于增强国际社会对中华文化的认同感和尊重感。在全球化背景下，中华文化的国际传播和交流越来越重要。尊老爱幼美德作为中华文化的重要元素之一，其传承与弘扬有助于提升中华文化的国际影响力和竞争力。

（三）促进老年人与未成年人的全面发展

尊老爱幼美德的当代价值还体现在促进老年人与未成年人的全面发展等方面。

一方面，尊老爱幼美德为老年人提供了精神慰藉和生活保障。在现代社会中，随着老龄化程度的加深，老年人的生活问题越来越受到关注。尊老爱幼美德的倡导和实践，能够引导社会成员更加关注老年人的实际生活和需求，为老年人提供更加周到的照顾和服务。同时，尊老爱幼美德还能够激发老年人的社会责任感和参与意识，使他们在晚年依然能够为社会做出贡献。

另一方面，尊老爱幼美德为未成年人的健康成长提供了有力保障。未成年人是国家的未来和希望，他们的健康成长关系到国家的兴衰和民族的未来。尊老爱幼美德要求社会为未成年人提供安全、健康、快乐的成长环境，关注他们的身心健康和成长需求。同时，尊老爱幼美德还鼓励家庭和社会加强对未成年人的教育和引导，帮助他们树立正确的价值观和人生观。

（四）推动社会文明进步的重要力量

尊老爱幼美德的当代价值还体现在推动社会文明进步方面。

首先，尊老爱幼美德能够提升社会的道德水平和文明程度。通过尊老爱幼的实践和传承，人们能够形成更加良好的道德风尚和行为习惯，从而推动社会文明程度的逐步提升。这种道德水平的提升，有助于减少社会矛盾和冲突，增进社会成员之间的理解和信任。

其次，尊老爱幼美德能够激发人们的积极性和创造力。在尊老爱幼的氛围中，人们能够更加关注社会问题、参与社会建设，为社会的繁荣和发展贡献自己的力量。这种积极性和创造力的提升，有助于推动社会经济的发展和科技的进步。

最后，尊老爱幼美德还能够增强社会的凝聚力和向心力。在尊老爱幼的实践中，人们能够形成共同的价值观念和行为规范，从而增强社会的凝聚力和向心力。这种凝聚力和向心力的提升，有助于维护社会的稳定和和谐，推动社会的文明进步和发展。

第二节　现代尊老爱幼的实践模式

一、家庭中的尊老爱幼实践

（一）家庭教育的传承与更新

在现代家庭中，尊老爱幼的实践首先体现在家庭教育的传承与更新上。家庭作为孩子成长的首要场所，对于塑造孩子的品德和价值观具有至关重要的作用。

首先，家庭教育要传承尊老爱幼的传统美德。父母作为孩子的第一任老师，应该通过言传身教的方式，向孩子传递尊老爱幼的价值观。父母可以通过讲述家族故事、分享长辈的智慧和经历等方式，让孩子了解尊老爱幼的重要性和实际意义。同时，父母还要以身作则，通过自己的行为示范，让孩子在耳濡目染中学会尊老爱幼的行为规范。

其次，家庭教育要适应现代社会的需求，对尊老爱幼的实践进行更新。在现代社会中，家庭结构和价值观念发生了很大的变化，因此，家庭教育也要与时俱进。父母应该根据孩子的年龄和个性特点，制订合适的尊老爱幼教育计划。例如，可以引导孩子参加社区志愿服务活动，让他们在实践中学会关爱他人；或者鼓励孩子多与长辈进行交流，了解他们的生活和需求，从而增强其对长辈的尊重和关爱。

（二）家庭生活的细节关怀

尊老爱幼的实践还体现在家庭生活的细节关怀上。家庭成员之间的相互关爱和尊重是构建和谐家庭的重要因素。

首先，家庭成员应该关注老年人的实际生活和需求。老年人由于年龄的增长和身体的衰退，需要更多的关爱和照顾。家庭成员应该定期关心老年人的身体状况、饮食起居等方面的问题，并尽可能地为他们提供帮助和支持。例如，可以陪老年人散步、聊天、购物等，让他们感受到家庭的温暖和关爱。

其次，家庭成员应该关注未成年人的成长和教育。未成年人是家庭的未来和希望，他们的成长和教育关系着家庭的未来和国家的未来。家庭成员应该关注未成年人的身心健康、学习情况等方面的问题，并为他们提供必要的帮助和支持。例如，可以陪孩子完成作业、参加课外活动、进行体育锻炼等，让他们感受到家庭的关爱和支持。

（三）家庭关系的和谐构建

尊老爱幼的实践还有助于构建和谐的家庭关系。家庭关系的和谐是家庭幸福的基石，也是社会和谐稳定的重要保障。

首先，家庭成员之间应该相互尊重和理解。在家庭中，每个人都有自己的角色和职责，应该相互尊重和理解彼此的付出。例如，父母应该尊重孩子的个性和兴趣爱好，不要过分干涉他们的选择；孩子也应该尊重父母的意见和决定，不要任性妄为。

其次，家庭成员之间应该加强沟通和交流。沟通和交流是家庭关系和谐的重要保障。家庭成员应该经常进行面对面的交流和沟通，以了解彼此的想法和需求，从而增进相互之间的理解和信任。例如，可以定期召开家庭会议，讨论家庭事务和计划；或者利用晚餐时间进行交流和分享等。

（四）家庭文化的建设与发展

尊老爱幼的实践还有助于家庭文化的建设与发展。家庭文化是家庭的精神支柱和灵魂所在，对于家庭成员的成长和发展具有深远的影响。

首先，家庭应该注重传统文化的传承和弘扬。传统文化是中华民族的瑰宝和财富，也是家庭文化的重要组成部分。家庭成员应该通过学习和实践传统文化的方式，弘扬尊老爱幼等传统美德和价值观。例如，可以组织家庭成员学习《弟子规》《三字经》等经典文献；或者举办传统节日庆祝活动，进而增强家庭成员的文化认同感和归属感。

其次，家庭应该注重创新文化的培养和发展。创新文化是推动家庭文化不断发展和进步的重要源动力。家庭成员应该鼓励彼此的创新精神和创造力，支持他们尝试新事物、学习新技能。例如，可以组织家庭成员参加科技创新比赛、艺术展览等活动；或者鼓励孩子进行自主学习和探索性学习等。

二、社区中的尊老爱幼活动

（一）社区活动的组织与策划

在社区中，尊老爱幼活动的组织与策划是展现社区人文关怀和营造和谐氛围的重要途径。首先，社区管理者应深入群众，了解居民的需求，特别是老年人和未成年人的需求，以确保活动具有针对性和有效性。通过问卷调查、座谈会等方式，收集居民的意见和建议，为活动的策划提供有力依据。

其次，社区应充分利用自身的资源和优势，策划组织多样化的尊老爱幼活动。这些活动可包括文化娱乐、健康讲座、亲子互动等，以满足不同年龄段居民的需求。同时，社区还可以邀请专业机构和社会组织参与活动的策划和实施，进一步提高活动的专业性和影响力。

在活动策划过程中，社区还应注重活动的可持续性和长期性。通过制订长期的活动计划，确保尊老爱幼活动能够持续开展，形成社区的文化传统和特色。同时，社区还应积极寻求外部支持和合作，为活动的开展提供资金和物资保障。

（二）社区服务的提供与优化

尊老爱幼活动的核心在于为老年人和未成年人提供实质性的帮助和服务。因此，社区应不断优化服务内容，提高服务质量，确保服务能够满足居民的实际需求。

首先，社区应提供多样化的服务项目。针对老年人，可以提供健康检查、康复训练、心理咨询等服务；而针对未成年人，可以提供课后辅导、兴趣班、夏令营等活动。这些服务项目旨在满足居民在身心健康、教育成长等方面的多样化需求。

其次，社区应注重服务的专业性和个性化。通过引入专业机构和志愿者团队，提高服务的专业水平；同时，根据居民的不同需求和特点，提供个性化的服务方案。这种服务方式能够更好地满足居民的实际需求，提高服务的针对性和有效性。

最后，社区还应注重服务的持续性和稳定性。通过建立服务档案、定期回访等工作机制，确保服务能够持续为居民提供帮助和支持；同时，积极寻求外部支持和合作，为服务的开展提供稳定的资源和保障。

（三）社区氛围的营造与提升

尊老爱幼活动的开展不仅是为了提供服务和帮助，更重要的是营造一种尊老爱幼、和谐友爱的社区氛围。因此，社区应注重氛围的营造和提升。

首先，社区应加强宣传和教育。通过悬挂标语、制作宣传栏、举办讲座等方式，向居民普及尊老爱幼的知识和价值观；同时，加强居民之间的交流和互动，以增进彼此之间的了解和信任。这种宣传和教育方式有助于形成尊老爱幼的社区风尚和文化传统。

其次，社区应注重表彰和奖励。通过设立尊老爱幼先进个人和集体奖项，表彰在尊老爱幼活动中表现突出的居民和团体；同时，鼓励居民积极参与尊老爱幼活动，形成良好的社会风尚和道德风尚。这种表彰和奖励方式能够激发居民的积极性和参与度，推动尊老爱幼活动的深入开展。

最后，社区还应注重文化建设和传承。通过挖掘和整理社区的历史和文化资源，可以更好地传承和弘扬社区的传统文化和特色文化；同时，鼓励居民参与文化活动和文化创作，丰富居民的精神文化生活。这种文化建设和传承方式有助于增强居民的归属感和自豪感，提升社区的凝聚力和向心力。

（四）社区资源的整合与共享

在尊老爱幼活动中，社区资源的整合与共享是提高活动效果的关键环节。首先，社区应充分整合自身的资源，如场地、设施、资金等，为活动的开展提供有力保障。通过合理规划和使用社区资源，以确保资源的充分利用和高效运转。

其次，社区应积极寻求外部资源的支持和合作。与政府部门、社会组织、企业等建立密切合作关系，共同为尊老爱幼活动的开展提供资源和支持。通过引入外部资源和力量，丰富活动的内容和形式，最终提高活动的吸引力和影响力。

最后，社区还应注重资源的共享和互助。鼓励居民之间互相帮助、互相支持，形成资源共享的良好氛围。通过组织居民参与志愿服务、邻里互助等活动，可以增强居民之间的团结和协作精神，推动社区的和谐稳定发展。

三、学校中的尊老爱幼教育

（一）教育内容的融入与渗透

在学校教育中，尊老爱幼教育的融入与渗透是构建学生健全人格和良好道德品质的基础。首先，学校应将尊老爱幼的教育内容纳入课程体系，使其成为学生日常学习的一部分。通过开设相关的课程、讲座和主题班会等方式，让学生系统学习尊老爱幼的历史渊源、道德内涵和现实意义，增强他们的道德认知和情感认同。

其次，学校应将尊老爱幼的教育内容渗透到各学科的教学中。无论是语文、历史、品德等人文社科类学科，还是数学、科学等自然科学类学科，都可以挖掘出与尊老爱幼相关的教育资源，让学生在学科学习中感受到尊老爱幼的价值观。

最后，学校还应注重尊老爱幼教育的实践性。通过组织社会实践活动、志愿服务等活动，让学生亲身参与到尊老爱幼的活动中，体验尊老爱幼的实际意义和价值，增强他们的实践能力和社会责任感。

（二）教育方式的创新与实践

在尊老爱幼教育中，教育方式的创新与实践是提高教育效果的关键。首先，学校应采用多样化的教育方式。除了采用传统的讲授式教学外，还可以运用案例教学、情景模拟、角色扮演等多种方式，让学生在参与和体验中深化对尊老爱幼的理解。

其次，学校应注重互动式教育。通过组织小组讨论、师生互动、生生互动等活动，让学生积极参与到教育过程中来，提高他们的学习兴趣和积极性。同时，教师也应关注学生的反馈和意见，及时调整教育内容和方式，以满足学生的实际需求和期望。

最后，学校还应注重体验式教育。通过组织实地考察、社区服务等活动，让学生亲身感受到老年人的生活状态和需求，以及未成年人的成长环境和教育需求，从而增强他们对尊老爱幼的认同感和责任感。

（三）教育环境的营造与优化

尊老爱幼教育的开展需要良好的教育环境作为支撑。首先，学校应营造尊老爱幼的校园文化氛围。通过悬挂标语、制作宣传栏、举办主题活动等方式，向师生传递尊老爱幼的价值观和文化内涵，营造全校上下共同关注和支持尊老爱幼教育的良好氛围。

其次，学校应优化尊老爱幼的教育环境。为师生提供宽敞明亮、设施完善的教学和活动场所，为尊老爱幼教育的开展提供有力的物质保障。同时，学校还应重视校园环境的美化和绿化工作，以期营造一个舒适、优美的学习环境。

最后，学校应加强师生关系的建设。建立和谐的师生关系是营造良好教育环境的重要保障。教师应尊重学生、关爱学生、信任学生，与学生建立深厚的感情联系；学生也应尊重教师、信任教师，积极支持教师的工作。这种和谐的师生关系有助于增强尊老爱幼教育的感染力和影响力。

（四）教育资源的整合与利用

在尊老爱幼教育中，教育资源的整合与利用是提高教育效果的重要途径。首先，学校应充分整合校内外的各类教育资源。与社区、家庭、政府部门等建立合作关系，共同为尊老爱幼教育的开展提供充足资源和支持。通过引入外部资源和力量，丰富教育的内容和形式，提高教育的吸引力和影响力。

其次，学校应注重教育资源的共享和互助。鼓励师生之间相互帮助、相互支持，形成资源共享的良好氛围。通过组织师生参与志愿服务、社会实践等活动，让他们在实践中体验尊老爱幼的实际意义和价值，增强他们的实践能力和社会责任感。

最后，学校还应注重教育资源的更新与拓展。随着时代的不断发展和社会的变迁，尊老爱幼教育的内容和形式也需要不断更新和拓展。学校应关注社会发展的新趋势和新需求，及时调整教育内容和方式，以适应时代的发展需要。同时，学校还应积极引进新的教育理念和技术手段，以提高教育的科学性和现代化水平。

四、社会组织的尊老爱幼项目

（一）项目策划与目标设定

社会组织在策划尊老爱幼项目时，首先需明确项目的目标和定位。项目的目标应紧扣尊老爱幼的核心价值观，旨在提升社会对老年人和未成年人的关爱和尊重，进而促进社会的和谐与进步。在设定目标时，社会组织应充分考虑项目的可行性、可持续性及影响力，确保项目能够真正落地并取得实效。

项目策划阶段，社会组织应进行深入的调研和分析，详细了解老年人和未成年人的实际需求，以及社会环境中存在的问题和挑战。通过调研，社会组织可以更加精准地定位项目，制订符合实际需求的策划方案。同时，社会组织还应注重与政府部门、企业、其他社会组织以及社区等多方力量的沟通与协作，共同推动项目的顺利实施。

（二）资源整合与配置

社会组织的尊老爱幼项目需要充分整合和利用各种资源，包括人力、物力、财力等。在资源整合方面，社会组织应积极寻求政府、企业、其他社会组织以及个人等多方面的支持和帮助，共同为项目的实施提供有力保障。同时，社会组织还应注重资源的合理配置，以确保各项资源能够充分发挥作用，为项目的成功实施提供有力支持。

在人力资源方面，社会组织应组建一支专业、高效、富有爱心的团队，为项目的实施提供坚实的人力保障。在物力资源方面，社会组织应充分利用各种场地、设施等资源，为项目的开展提供必要的物质支持。在财力资源方面，社会组织应积极筹措资金，以确保项目的顺利实施。同时，社会组织还应注重资金的合理使用和监管，确保每一分钱都花在刀刃上。

（三）项目实施与监督

社会组织的尊老爱幼项目在实施过程中应注重监督和评估。首先，社会组织应制订详细的实施方案和计划，明确各项任务和时间节点，进而确保项目能够按照计划有序进行。同时，社会组织还应注重项目过程中的监督和评估工作，及时发现和解决问题，确保项目的质量和效果。

在实施过程中，社会组织应注重与受益群体进行沟通和交流，了解他们的需求和反馈意见，及时调整项目方案和实施策略。同时，社会组织还应注重与其他合作伙伴的沟通和协作，共同推动项目顺利实施。

在监督方面，社会组织应建立完善的监督机制和评估体系，对项目的实施过程进行全程跟踪和监督。通过定期检查和评估项目的进展情况和成效，可以及时发现问题和不足并进行改进。同时，社会组织还应注重项目的透明度和公开性，接受社会各界的监督和评价。

（四）项目影响与推广

社会组织的尊老爱幼项目在取得一定成效后应注重项目的影响和推广。首先，社会组织应总结项目的经验和教训，进而提炼出可复制、可推广的成功模式和方法，为其他类似项目提供借鉴和参考。同时，社会组织还应积极向政府、企业、其他社会组织以及公众宣传和推广项目的成果和经验，扩大项目的社会影响力和知名度。

在推广方面，社会组织可以通过举办成果展示会、经验交流会等活动，向外界展示项目的成果和经验；同时，还可以通过媒体宣传、网络传播等方式扩大项目的知名度和影响力。通过推广和宣传，社会组织可以吸引更多的社会资源和力量参与到尊老爱幼的事业中来，共同推动社会的进步和发展。

第三节　尊老爱幼美德在当代社会的价值

一、构建和谐社会的基石

尊老爱幼美德作为中华民族的传统美德之一，在当代社会中仍然扮演着至关重要的角色，是构建和谐社会的基石。下面笔者将从四个方面分析尊老爱幼美德在构建和谐社会中的作用与价值。

（一）道德引领与价值塑造

尊老爱幼美德是道德体系的重要组成部分，它倡导的是对长辈的尊敬和对晚辈的关爱。在当代社会中，这种美德对于塑造良好的社会风尚、提升公民的道德素养具有重要的引领作用。通过尊老爱幼的教育和实践等活动，人们能够形成正确的道德观念和价值观念，从而在日常生活中更加自觉地遵守社会规范，维护社会秩序。

在价值塑造方面，尊老爱幼美德强调的是人与人之间的相互尊重、关爱和包容。这种价值观念的传播和实践，有助于增强社会的凝聚力和向心力，使人们在追求个人利益的同时，更加注重社会整体利益和长远发展。同时，尊老爱幼美德还能够激发人们的爱心和同情心，促进社会和谐与稳定。

（二）文化传承与历史担当

尊老爱幼美德是中华民族的传统美德之一，它承载着丰富的历史文化内涵和民族精神。在当代社会中，传承和弘扬尊老爱幼美德，不仅是对中华优秀传统文化的传承和发扬，更是历史责任和文化担当的体现。

通过传承和弘扬尊老爱幼美德，人们能够深入了解中华民族的历史和文化，进而增强文化自信和民族自豪感。同时，这种美德的传承还能够激励人们为社会的进步和发展贡献自己的力量，努力推动社会不断向前发展。

（三）社会关系的润滑剂

尊老爱幼美德在调节社会关系中发挥着重要作用。在家庭中，尊老爱幼美德能够促进家庭成员之间和睦相处，增强家庭的凝聚力和向心力；在社会中，尊老爱幼美德能够促进人与人之间和谐交往，减少社会矛盾和冲突。

通过尊老爱幼的教育和实践，人们能够更加关注他人的感受和需求，尊重他人的权利和利益，从而建立起更加和谐的社会关系。这种和谐的社会关系不仅有助于提升人们的幸福感和获得感，还能够为社会的稳定和发展提供有力保障。

（四）推动社会文明与进步

尊老爱幼美德是推动社会文明与进步的重要力量。通过尊老爱幼的教育和实践，人们能够形成更加文明、健康、积极的生活方式和社会风尚。这种文明的生活方式和社会风尚不仅能够提升人们的综合素质和生活质量，还能够为社会的可持续发展提供有力支撑。

同时，尊老爱幼美德还能够激发人们的创造力和创新精神，推动社会在科技、文化、经济等方面全面发展。这种全面的发展不仅能够提升国家的综合国力和国际竞争力，还能够为人类的文明进步贡献更多的智慧和力量。

综上所述，尊老爱幼美德在构建和谐社会中具有不可替代的实际价值。通过传承和弘扬这种美德，我们能够更好地推动社会的进步和发展，为构建更加和谐、文明、繁荣的社会贡献自己的力量。

二、传承中华优秀传统文化的重要途径：尊老爱幼美德

尊老爱幼美德作为中华优秀传统文化的重要组成部分，不仅体现了中华民族的传统美德，更是传承和弘扬中华文化的重要途径。下面将从四个方面分析尊老爱幼美德在传承中华优秀文化中的重要价值。

（一）文化根脉的守护与传承

尊老爱幼美德是中华民族在长期历史发展中形成的宝贵精神财富，它蕴含着丰富的文化内涵和道德智慧。通过传承和弘扬尊老爱幼美德，我们能够深入了解和体验中华文化的独特魅力和深厚底蕴，持续守护和传承中华文化的根脉。

在现代社会中，随着全球化的深入发展和文化交流的日益频繁，外来文化不断涌入，对中华文化带来了重大冲击和挑战。在这样的背景下，传承和弘扬尊老爱幼美德显得尤为重要。通过学习和实践尊老爱幼美德，我们能够更加坚定地认同和坚守中华文化，维护中华文化的独特性和多样性。

（二）道德传统的继承与发展

尊老爱幼美德作为中华道德传统的重要组成部分，具有深厚的道德内涵和人文价值。通过传承和弘扬尊老爱幼美德，我们能够继承和发扬中华民族的道德传统，进而提升个人的道德品质和道德修养。

尊老爱幼美德注重强调对长辈的尊敬和对晚辈的关爱，这种道德观念在现代社会中仍然具有重要的现实意义。通过学习和实践尊老爱幼美德，我们能够更加关注家庭和社会的和谐稳定，积极履行自己的家庭和社会责任，促

进社会的和谐与进步。

（三）社会风尚的引领与塑造

尊老爱幼美德作为社会风尚的重要组成部分，具有积极的引领和塑造作用。通过传承和弘扬尊老爱幼美德，我们能够倡导和树立正确的社会风尚和价值观念，进而提升整个社会的文明程度和道德水平。

在现代社会中，随着物质生活的日益丰富和人们精神需求的不断提高，对于社会风尚的引领和塑造变得尤为重要。通过学习和实践尊老爱幼美德，我们能够形成积极向上、健康文明的生活方式和社会风尚，推动整个社会的文明进步和发展。

（四）文化自信的增强与提升

尊老爱幼美德作为中华文化的瑰宝，不仅体现了中华民族的文化自信，更是增强和提升文化自信的重要途径。通过传承和弘扬尊老爱幼美德，我们能够更加深刻地认识到中华文化的独特魅力和深厚底蕴，持续增强对中华文化的自信心和自豪感。

在全球化背景下，文化自信对于一个国家和民族的发展具有重要意义。通过传承和弘扬尊老爱幼美德，我们能够更加坚定地认同和坚守中华传统文化，抵御外来文化的冲击和挑战，保持文化的独立性和自主性。同时，通过学习和实践尊老爱幼美德，我们还能够将中华文化的优秀传统和精髓传递给下一代，为文化的传承和发展注入新的活力和动力。

综上所述，尊老爱幼美德是传承中华优秀文化的重要途径。通过传承和弘扬尊老爱幼美德，我们能够守护和传承中华文化的根脉，继承和发扬中华民族的道德传统，引领和塑造正确的社会风尚，增强和提升文化自信，这对推动中华文化的繁荣和发展具有重要意义。

三、培养公民道德素质的重要内容：尊老爱幼美德

尊老爱幼美德不仅是中华民族的传统美德，更是当代社会培养公民道德素质的重要内容。下面笔者将从四个方面分析尊老爱幼美德在培养公民道德素质中的重要作用。

（一）树立正确的道德观念

尊老爱幼美德是中华民族传统道德观念的重要体现，它强调对长辈的尊敬和对晚辈的关爱，体现了人与人之间的和谐与尊重。在培养公民道德素质的过程中，传承和弘扬尊老爱幼美德，有助于引导人们树立正确的道德观念，认识到尊重他人、关爱他人是每个社会公民应尽的责任和义务。这种道德观念的培养，能够使人们更加关注他人的感受和需求，形成良好的道德风尚，促进社会的和谐与稳定。

通过教育和宣传，我们可以让公民深刻理解尊老爱幼美德的内涵和价值，从而在日常生活中自觉践行。例如，在家庭中，父母可以教育孩子尊敬长辈、关爱晚辈，让孩子在成长过程中形成正确的道德观念；在学校中，教师可以通过课堂讲解、案例分析等方式，引导学生认识到尊老爱幼的重要性，并在实践中培养学生的道德素质。

（二）强化公民的社会责任感

尊老爱幼美德不仅要求公民尊重他人、关爱他人，更强调公民对社会的责任和贡献。在培养公民道德素质的过程中，传承和弘扬尊老爱幼美德，有助于强化公民的社会责任感，使人们更加关注社会整体利益和长远发展。

通过参与尊老爱幼的活动和实践，公民可以亲身体验到对他人的关爱和帮助带给自己的快乐，感受到自己对社会的贡献和价值。这种体验能够激发公民的爱心和同情心，增强他们的社会责任感。同时，尊老爱幼美德的践行还能促进社会和谐稳定，为社会的可持续发展提供有力保障。

（三）提升公民的道德品质

尊老爱幼美德是提升公民道德品质的重要途径。通过学习和实践尊老爱幼美德，公民可以不断提高自己的道德修养和道德素质，形成高尚的道德品质。

尊老爱幼美德要求公民在日常生活中尊重他人、关爱他人，这种要求促使公民在言行举止上更加文明、礼貌、友善。同时，尊老爱幼美德还强调个人对社会的责任和贡献，这种要求能够激发公民的爱国心、集体主义和奉献精神。这些品质的培养和提升，能够使公民更加符合社会的期许和要求，逐步成为有用之才。

（四）营造积极向上的社会氛围

尊老爱幼美德的践行能够营造积极向上的社会氛围。在一个充满尊重和关爱的社会环境中，人们能够感受到温暖和力量，从而激发自己的积极性和创造力。

通过传承和弘扬尊老爱幼美德，我们可以营造一个和谐、友善、互助的社会氛围。在这种氛围下，人们能够更加关注他人的感受和需求，积极帮助他人解决问题；同时，人们也能够更加关注社会的整体利益和长远发展，为社会的进步和发展贡献自己的力量。这种积极向上的社会氛围对于培养公民的道德素质具有重要的促进作用。

综上所述，尊老爱幼美德是培养公民道德素质的重要内容。通过传承和弘扬尊老爱幼美德，我们可以帮助公民树立正确的道德观念、强化社会责任感、提升道德品质、营造积极向上的社会氛围。这些方面的提升和改变，将有助于公民更好地适应社会的需要和发展，以便于为社会的和谐稳定做出积极贡献。

四、促进代际和谐与家庭幸福的保障：尊老爱幼美德

尊老爱幼美德作为中华民族的传统美德，在现代社会中依然发挥着不可替代的重大作用，尤其是在促进代际和谐与家庭幸福方面。下面笔者将从四个方面详细分析尊老爱幼美德在这一过程中的保障作用。

（一）增进代际沟通与理解

在现代社会，随着生活节奏的加快和家庭结构的变迁，代与代之间的沟通和理解面临着前所未有的挑战。尊老爱幼美德提倡对长辈的尊敬和对晚辈的关爱，这种价值观有助于增进代与代之间的沟通与理解。

一方面，尊老爱幼美德鼓励晚辈主动关心长辈的实际生活和情感需求，通过日常交流和互动，增进对长辈的了解和尊重。这种沟通不仅有助于消除代沟，还能让长辈感受到家庭的温暖和关爱。同时，长辈也可以通过分享自己的经验和智慧，为晚辈提供有益指导和帮助，促进彼此之间的理解和信任。

另一方面，尊老爱幼美德也强调长辈对晚辈的关爱和包容。长辈应该关注晚辈的成长和发展，为他们提供必要的支持和帮助。在家庭中，长辈可以通过传授传统文化、家庭价值观等方式，帮助晚辈树立正确的道德观念和价值观。这种关爱和包容有助于建立和谐的家庭氛围，促进代际之间的和谐相处。

（二）强化家庭凝聚力与向心力

家庭是社会的基本构成单位，家庭凝聚力与向心力对于家庭幸福至关重要。尊老爱幼美德作为家庭美德的核心内容，对于强化家庭凝聚力与向心力具有重要作用。

一方面，尊老爱幼美德要求家庭成员之间互相尊重、关爱和包容。这种要求有助于营造和谐的家庭氛围，让家庭成员感受到彼此的关爱和支持。在这种氛围下，家庭成员更容易相互理解和支持，进而共同面对生活中的挑战和困难。

另一方面，尊老爱幼美德也强调家庭成员之间的责任和义务。每个家庭成员都应该为家庭的幸福和发展贡献自己的力量。长辈应该关心晚辈的成长和发展，为他们提供必要的支持和帮助；晚辈也应该尊重长辈的意愿和决定，主动关心他们的生活和情感需求。这种相互支持和帮助有助于增强家庭凝聚力与向心力，促进家庭幸福和稳定。

（三）传承家庭优秀传统与文化

家庭是传承优秀传统与文化的重要场所。尊老爱幼美德作为家庭美德的重要组成部分，对于传承家庭优秀传统与文化具有重要现实意义。

一方面，尊老爱幼美德本身就是一种优秀的家庭传统和文化。通过传承和弘扬这种美德，我们可以让家庭成员深入了解中华民族的传统美德和文化底蕴，增强文化自信和民族自豪感。

另一方面，尊老爱幼美德的践行也有助于传承其他家庭优秀传统和文化。在家庭中，长辈可以通过言传身教的方式，将家庭的传统价值观、家风家训等规范传授给晚辈。这种传承不仅有助于保持家庭的独特性和多样性，还能为社会的文化繁荣和发展提供有力支撑。

（四）构建和谐社会关系的基石

家庭是社会的基本单位，家庭关系的和谐稳定对于构建和谐社会关系具有重要现实意义。尊老爱幼美德作为家庭美德的核心内容，对于构建和谐社会关系具有基石作用。

一方面，尊老爱幼美德要求家庭成员之间互相尊重、关爱和包容。这种要求有助于形成和谐的家庭关系，为构建和谐社会关系提供有力保障。在一个充满爱和尊重的家庭中，家庭成员更容易形成积极向上的心态和行为习惯，为社会贡献正能量。

另一方面，尊老爱幼美德的践行也能促进社会关系的和谐稳定。通过家庭成员的示范和引领作用，尊老爱幼的美德可以传递到社会各个角落，促进人与人之间的和谐交往和相互理解。这种和谐的社会关系有助于减少社会矛盾和冲突，从而促进社会的稳定和发展。

第四节　尊老爱幼美德的教育传承

一、家庭教育中的尊老爱幼教育

家庭教育作为孩子成长的第一课堂，对于传承尊老爱幼美德起着至关重要的促进作用。下面笔者将从四个方面分析家庭教育中的尊老爱幼教育。

（一）树立尊老爱幼的价值观

在家庭教育中，父母首先要为孩子树立正确的尊老爱幼价值观。父母应以身作则，通过自己的言行展示对长辈的尊敬和对晚辈的关爱，让孩子在潜移默化中接受这种正向的价值观。同时，父母还可以通过讲述历史故事、传统美德故事等方式，向孩子灌输尊老爱幼的思想，让他们明白这种美德的重要性和价值。

在孩子成长的过程中，父母要时刻关注他们的思想动态，及时纠正不良行为，引导他们树立正确的道德观念。例如，当孩子对长辈不敬或对晚辈不关心时，父母要耐心引导，让孩子明白自己的错误并鼓励他们及时改正。通过这样的教育方式，孩子能够逐渐形成尊老爱幼的良好习惯。

（二）营造和谐的家庭氛围

和谐的家庭氛围是传承尊老爱幼美德的重要保障。在家庭教育中，父母要努力营造一个充满爱和尊重的家庭环境，让孩子感受到家庭的温暖和幸福。

一方面，父母要尊重孩子的个性和需求，给予他们充分的关爱和支持。在家庭中，父母要与孩子建立亲密的关系，多与其沟通交流，了解他们的内心世界。当孩子遇到困难时，父母要给予及时的帮助和鼓励，让他们感受到家庭的温暖和力量。

另一方面，父母要教育孩子尊重长辈、关爱晚辈。在家庭中，父母要引导孩子关心长辈的生活和情感需求，主动为长辈分担家务、照顾他们的生活。同时，父母也要教育孩子关爱晚辈，为他们提供必要的支持和帮助。在这样的家庭氛围中，孩子能够逐渐形成尊老爱幼的自觉意识。

（三）注重实践教育

实践教育是传承尊老爱幼美德的重要途径。在家庭教育中，父母要注重将尊老爱幼的美德融入日常生活，让孩子在实践中感受和学习这种美德。

例如，父母可以引导孩子主动为长辈倒水、捶背等，让他们在实践中学会尊敬长辈。同时，父母也可以鼓励孩子关心晚辈的学习和生活情况，为他们提供有益的指导和帮助。这样的实践教育不仅能够让孩子更深刻地理解尊老爱幼的美德内涵，还能够培养他们的责任感和奉献精神。

（四）与学校、社会教育相结合

家庭教育、学校教育和社会教育三者相辅相成，共同构成了完整的教育体系。在传承尊老爱幼美德的过程中，家庭教育需要与学校教育、社会教育相结合，形成合力。

一方面，父母要与学校老师保持密切联系，了解孩子在学校的表现和学习情况。当学校开展尊老爱幼主题教育活动时，父母要积极参与并配合学校的工作，共同促进孩子的道德成长。

另一方面，父母要引导孩子关注社会现象和热点问题，培养他们的社会责任感和奉献精神。例如，父母可以带孩子参加志愿者活动或社区服务活动，让他们在实践中学会关爱他人、奉献社会。通过这样的教育方式，孩子能够更深刻地理解尊老爱幼的美德内涵并将其内化为自己的行为准则。

二、学校教育中的尊老爱幼课程

在学校教育中，尊老爱幼课程是培养学生道德素质和社会责任感的重要途径。下面笔者将从四个方面分析学校教育中的尊老爱幼课程。

（一）课程设置与教材编写

一方面，学校应将尊老爱幼课程纳入课程体系，以确保其在教育过程中的重要地位。在课程设置上，可以根据学生的年龄特点和认知水平，分阶段、分层次地设置相关课程。例如，在小学阶段，可以通过讲述寓言故事、观看动画视频等方式，引导学生初步认识尊老爱幼的重要性；在中学阶段，则可以通过分析历史事件、探讨社会问题等方式，深化学生对尊老爱幼美德的理解。

另一方面，在教材编写方面，应注重内容的科学性和趣味性。教材应贴近学生生活，以生动真实的案例和故事为载体，让学生在轻松愉快的氛围中学习尊老爱幼的美德。同时，教材还应注重与时俱进，及时反映社会发展和时代变化，让学生能够更好地适应社会的发展需要。

（二）教学方法与手段

在尊老爱幼课程的教学过程中，教师应采用多种教学方法和手段，以提高教学效果。例如，可以采用启发式教学方法，引导学生自主思考、自主发现尊老爱幼的美德；也可以采用案例分析法，通过分析实际案例，可以让学生更深入地理解尊老爱幼的重要性和应用场景。

此外，教师还可以利用现代教学手段，如多媒体教学、网络教学等，丰富教学内容和形式。通过展示图片、视频等多媒体资料，可以让学生更直观地了解尊老爱幼的实际传承情况；通过网络教学平台，可以让学生随时随地学习尊老爱幼的知识和技能。

（三）实践活动与体验教育

尊老爱幼课程不仅要注重知识的传授，更要注重学生的实践和体验。学校应组织学生开展各种形式的实践活动和体验教育，让学生在实践中学习和体验尊老爱幼的美德。

例如，可以组织学生参加志愿者活动，到敬老院、孤儿院等地为老年人、孤儿等弱势群体提供热心的帮助和服务；可以组织学生开展家庭访问活动，让学生深入了解家庭成员的日常生活和情感需求；还可以组织学生参加社会公益活动，让学生感受社会对尊老爱幼美德的重视和支持。

这些实践活动和体验教育不仅能够让学生更深刻地理解尊老爱幼的美德内涵，还能够培养他们的社会责任感和奉献精神。同时，这些活动还能够增强学生的团队合作能力和沟通能力，为他们未来的社会生活和职业发展打下坚实基础。

（四）评价与反馈机制

在尊老爱幼课程的教学过程中，评价和反馈机制是必不可少的。学校应建立科学、客观、全面的评价体系，对学生的尊老爱幼行为进行定期评估和反馈。

评价可以包括课堂表现、作业完成情况、实践活动参与度等多个方面。在评价过程中，教师应时刻注重学生的个体差异和进步情况，给予他们适当的鼓励和引导。同时，学校还应建立反馈机制，及时将评价结果反馈给学生和家长，让他们了解学生的学习和进步情况。

这样的评价和反馈机制不仅能够激励学生更加积极地参与尊老爱幼课程的学习和实践，还能够促进教师不断改进教学方法和手段，进而提高教学效果。同时，这样的机制还能够为家长提供了解孩子学习情况的重要途径，帮助他们更好地支持和配合学校的教育工作。

三、社会教育中的尊老爱幼宣传

在社会教育中，尊老爱幼的宣传是弘扬这一传统美德、促进代际和谐与家庭幸福的重要手段。下面笔者将从四个方面分析社会教育中的尊老爱幼宣传。

（一）媒体宣传的广泛性与影响力

媒体作为信息传播的重要载体，在尊老爱幼的宣传中发挥着关键作用。传统媒体如电视、广播、报纸等，通过新闻报道、专题节目、公益广告等形式，广泛传播尊老爱幼的理念和故事，从而引起社会关注。同时，新媒体如互联网、社交媒体等，以其快速、便捷、互动性强等特点，为尊老爱幼的宣传提供了更广阔的平台。通过微博、微信、抖音等平台，可以迅速传播尊老爱幼的感人故事和正能量，激发公众的共鸣和参与。

媒体宣传的广泛性和影响力不仅有助于提升公众对尊老爱幼美德的认识和理解，还能够引发社会公众的广泛关注和参与。通过媒体的报道和宣传，可以引导公众关注老年人的生活状况、孤儿的成长问题，激发社会爱心和责任感。同时，媒体宣传还能够推动政府和社会组织加大对尊老爱幼事业的投入和支持力度，为相关工作的顺利开展提供有力保障。

（二）文化活动的创新性与吸引力

文化活动是传承和弘扬尊老爱幼美德的重要载体。通过举办各种形式的文化活动，如文艺演出、书画展览、摄影比赛等，可以将尊老爱幼的主题融入其中，以艺术的形式展现其深层内涵和价值。这些文化活动不仅具有创新性，能够吸引公众的眼球和兴趣，还能够让人们在欣赏和参与的过程中感受到尊老爱幼美德的魅力。

此外，文化活动还可以结合地方特色和文化传统，打造具有地方特色的尊老爱幼品牌活动。例如，在重阳节举办尊老敬老活动、在儿童节开展关爱儿童的活动等。这些活动不仅能够弘扬尊老爱幼的美德，还能够传承和弘扬地方文化和传统美德，进一步增强社会凝聚力和向心力。

（三）社会组织的参与性与推动力

社会组织在尊老爱幼的宣传中发挥着重要的参与和推动作用。各类公益组织、慈善机构、志愿者团体等，通过组织各种形式的公益活动、志愿服务等活动，为老年人、孤儿等弱势群体提供帮助和支持，同时也宣传尊老爱幼的美德和理念。

社会组织的参与性和推动力不仅体现在具体的公益活动中，还体现在其对社会舆论的引导和影响上。通过组织公益活动、发布倡议书等方式，社会组织可以引导公众广泛关注尊老爱幼问题，激发公众的爱心和责任感。同时，社会组织还可以与媒体、企业等各方合作，共同推动尊老爱幼事业的发展。

（四）政策引导与支持力度

政策引导与支持力度是尊老爱幼宣传的重要保障。政府应制定相关政策措施，加大对尊老爱幼事业的投入和支持力度，为相关工作的顺利开展提供有力保障。

首先，政府应完善相关法律法规和政策文件，明确尊老爱幼的法律地位和社会责任。通过立法和制定政策文件，可以规范社会各界的行为准则和道德标准，为尊老爱幼的宣传和实践提供有力支持。

其次，政府应加大对尊老爱幼事业的投入力度。通过财政拨款、社会筹款等方式筹集资金，大力支持相关项目的开展和实施。同时，政府还可以引导社会资本投入尊老爱幼事业，鼓励企业、社会组织等各方参与和支持相关工作。

最后，政府还应加强对尊老爱幼事业的监管和评估。通过建立完善的监管机制和评估体系，可以及时了解相关工作的进展情况和存在的问题，并采取相应的措施加以改进和完善。这样可以确保尊老爱幼的宣传和实践工作取得实效并持续推进。

第五节　尊老爱幼美德的国际化视野

一、国际社会对尊老爱幼美德的认可

尊老爱幼作为中华民族的传统美德，其深厚的文化内涵和普遍的人道主义精神，在国际社会中得到了广泛的认可。下面笔者将从四个方面分析国际社会对尊老爱幼美德的认可。

（一）文化多样性中的普遍价值

在全球化背景下，虽然不同国家和民族的文化背景、宗教信仰、社会制度存在差异，但尊老爱幼作为一种普遍的人道主义精神，在全球范围内具有普遍的认同感和价值。这种美德体现了人类社会对年长者的尊重和爱护以及对年轻一代的关爱和培育，是构建和谐社会的重要基石。国际社会对尊老爱幼美德的认可，体现了对文化多样性的尊重和对普遍价值的追求。

（二）国际交流与合作中的道德共识

在国际交流与合作中，尊老爱幼美德作为一种道德共识，被广泛地应用于各个领域。在国际组织中，如联合国、世界卫生组织等都积极倡导尊老爱幼的理念，推动相关政策的制定和实施。在跨国企业和国际合作项目中，也强调对员工和合作伙伴的尊重与关爱，体现了尊老爱幼精神在企业社会责任中的展现。这些国际合作与交流中的道德共识，进一步促进了尊老爱幼美德在国际社会中的传播和认可。

（三）国际舆论中的正面评价

在国际舆论中，尊老爱幼美德得到了广泛的正面评价。许多国际媒体和知名人士都积极宣传和倡导这一美德，认为它是中华民族的传统瑰宝，也是全人类共同拥有的精神财富。这些正面评价不仅提升了尊老爱幼美德的国际影响力，也激发了更多人学习和践行这一美德的热情。同时，国际舆论中的正面评价也反映了国际社会对中华文化的认可和尊重，有助于增进不同文化之间的交流与融合。

（四）国际实践中的成功案例

在国际社会中，有许多尊老爱幼美德的实践案例，这些成功案例为尊老爱幼美德的国际化传播提供了有力支撑。例如，一些国家通过制定法律和政策，保障老年人的权益和福利，为老年人提供更好的生活条件和服务。同时，一些企业和社会组织在积极履行社会责任，为老年人、儿童等弱势群体提供帮助和支持。这些国际实践中的成功案例，不仅展现了尊老爱幼美德在国际社会中的广泛应用和实际效果，也为其他国家和地区提供了有益的借鉴和启示。

综上所述，国际社会对尊老爱幼美德的认可体现在文化多样性中的普遍价值、国际交流与合作中的道德共识、国际舆论中的正面评价及国际实践中的成功案例等多个方面。这些认可不仅促进了尊老爱幼美德在国际社会中的传播和弘扬，也为构建和谐世界、推动人类文明进步做出了积极贡献。

二、尊老爱幼美德在国际文化交流中的推广

（一）国际文化交流的桥梁作用

在国际文化交流中，尊老爱幼美德作为中华民族的传统美德，具有独特的桥梁作用。这一美德不仅体现了中国文化的深厚底蕴，也反映了人类共同的道德追求。在国际文化交流中，通过展示和宣传尊老爱幼的美德，可以促进不同文化之间的相互理解和尊重，有助于减少文化隔阂和冲突。同时，尊老爱幼美德的推广也可以为国际文化交流注入新的活力和内涵，推动文化多样性的发展。

在推广过程中，可以通过举办文化展览、艺术表演、学术交流等活动，将尊老爱幼的美德融入其中。这些活动不仅可以让外国友人亲身感受中华文化的魅力，也可以让他们更深入地了解尊老爱幼的内涵和价值。此外，还可以通过制作宣传册、拍摄纪录片等方式，将尊老爱幼的故事和理念传播到世界各地，让更多人了解并认同这一美德。

（二）跨文化传播的策略与技巧

在推广尊老爱幼美德的过程中，需要注重跨文化传播的策略与技巧。首先，要充分了解不同国家和地区的文化背景、价值观念和风俗习惯，确保宣传内容符合当地的文化习惯和接受程度。其次，要采用当地人民易于理解和接受的语言和形式，如用当地语言进行宣传、制作符合当地审美习惯的文化产品等。此外，还可以借助新媒体等现代化传播手段，扩大宣传的覆盖面和影响力。

在跨文化传播中，要注重与当地文化机构和民间组织的合作。这些机构和组织通常具有丰富的文化资源和人脉资源，可以为推广尊老爱幼美德提供强有力的支持和帮助。通过与它们合作，可以更好地融入当地社会和文化环境，提高宣传的针对性和实效性。

（三）教育领域的推广与实践

教育领域是推广尊老爱幼美德的重要阵地。在国际文化交流中，可以通过教育领域的合作与交流，将尊老爱幼的美德融入教学内容和课程体系。这不仅可以提高学生的道德素质和人文素养，还可以培养他们的国际视野和跨文化交流能力。

在国际学校、孔子学院等教育机构中，可以开设与尊老爱幼相关的课程和活动。这些课程和活动包括讲述尊老爱幼故事、讨论相关话题、组织实践活动等。通过这些课程和活动，可以让学生更深入地了解尊老爱幼的内涵和价值，培养他们的道德情感和道德行为。同时，还可以邀请来自不同国家和地区的师生参与交流和分享，促进不同文化之间的相互理解和尊重。

（四）社会实践中的体验与感悟

社会实践是推广尊老爱幼美德的重要途径。通过参与社会实践活动，人们可以亲身体验尊老爱幼的独特魅力和价值，从而更深入地了解和认同这一美德。

在国际文化交流中，可以组织各种形式的社会实践活动，如志愿者服务、文化交流团等。这些活动可以让人们亲身参与到尊老爱幼的行动中，与当地的老人和儿童进行互动和交流。通过这些活动，人们可以更加深刻地感受到尊老爱幼的重要性，并将这种美德内化为自己的行为准则。同时，这些社会实践活动还可以促进不同文化之间的交流和融合，进而增进国际友谊和合作。

三、中国尊老爱幼美德对世界的影响

（一）树立世界道德标杆

尊老爱幼美德作为中华民族传统文化的重要组成部分，以其深厚的道德底蕴和普遍的人道主义精神，为世界树立了一个道德标杆。这一美德体现了人类社会对老年人的尊重和爱护以及对年轻一代的关爱和培育，是构建和谐社会的基石。在全球化的今天，随着各国文化的交流和融合，中国的尊老爱幼美德逐渐被世界所认识和接受，成为世界文化中的一股清流。

一方面，中国的尊老爱幼美德为世界提供了一个道德典范。在全球化背景下，各种文化冲突和价值观碰撞频繁发生，中国的尊老爱幼美德以其深厚的道德底蕴和普遍的人道主义精神，为世界树立了一个道德标杆。这一美德不仅体现了中华民族的传统美德，也符合人类共同的道德追求，为世界文化的多样性和和谐共生提供了有力支撑。

另一方面，中国的尊老爱幼美德为世界树立了一个人文关怀的典范。在全球化的今天，人们面临着各种压力和挑战，尊老爱幼的美德则强调了人与人之间的关爱和尊重，为人们提供了一种人文关怀的视角。这种人文关怀不仅有助于缓解人们的压力和焦虑，也有助于增强人们的幸福感和归属感，为世界文化的发展和进步提供有力支持。

（二）促进国际文化交流与融合

中国的尊老爱幼美德作为一种传统文化，在国际文化交流中发挥着重要作用。通过推广和传承这一美德，可以促进不同文化之间的交流和融合，增进不同国家和民族之间相互理解和尊重。

一方面，中国的尊老爱幼美德为国际文化交流提供了丰富的内容和形式。通过举办文化展览、艺术表演、学术交流等活动，可以将尊老爱幼的美德融入其中，让不同国家的人们亲身感受中华文化的魅力。同时，这些活动也可以为不同文化之间的交流和融合提供平台，增进不同国家和民族之间的相互了解和友谊。

另一方面，中国的尊老爱幼美德有助于打破文化隔阂和偏见。在国际文化交流中，由于不同文化之间存在差异和冲突，往往会出现文化隔阂和偏见。尊老爱幼美德作为一种普遍的人道主义精神，可以打破这种隔阂和偏见，让不同文化之间的人们更容易相互理解和接受。这种相互理解和接受不仅可以促进文化多样性的发展，也可以为国际合作和共赢提供有力支持。

（三）推动全球社会和谐发展

中国的尊老爱幼美德对于推动全球社会的和谐发展具有重要意义。尊老爱幼不仅体现了人与人之间的关爱和尊重，也体现了公众对社会的责任和义务。通过推广和传承这一美德，可以促进社会的和谐稳定和可持续发展。

一方面，尊老爱幼有助于增进家庭和谐。家庭是社会的基本单位，家庭和谐是社会和谐的基础。通过尊老爱幼的实践和传承，可以增强家庭成员之间的互相关爱和支持，促进家庭关系的和谐稳定。这种家庭和谐不仅可以提高人们的生活质量，也可以为社会和谐稳定提供有力支持。

　　另一方面，尊老爱幼有助于增强社会责任感。尊老爱幼不仅是对家庭成员的关爱和尊重，也是对社会的责任和义务。通过尊老爱幼的实践和传承，可以让人们更加关注社会问题和弱势群体，增强他们的社会责任感和奉献精神。这种社会责任感不仅可以促进社会公正和公平，也可以为社会的可持续发展提供有力支持。

第五章 勤劳节俭美德的创新发展

第一节 勤劳节俭美德的传统内涵

一、勤劳节俭的古代含义

勤劳节俭是中华民族传统美德的重要组成部分，其深远的历史底蕴和丰富的文化内涵，为中华民族的繁荣与发展提供了坚实的道德支撑。本小节将从四个方面深入探讨勤劳节俭美德的古代含义，以揭示其传统内涵和重要价值。

（一）勤劳与农业生产的紧密结合

在古代中国，勤劳是农业生产的基础。农耕社会背景下，勤劳不仅表现为辛勤劳作、不畏艰辛的精神，更与农作物的播种、耕种、收割等生产环节紧密相连。勤劳的农民日出而作、日落而息，辛勤劳作，为国家的粮食安全和经济发展提供了重要保障。这种勤劳精神不仅体现了对土地和自然的敬畏，也展现了人们对生活的热爱和对未来的无限憧憬。

勤劳与农业生产的紧密结合，还体现在对农业技术的不断追求和创新上。古代农民通过长期的实践和经验积累，不断改进耕作方法，提高农作物的产量和质量。这种勤劳创新精神，不仅推动了农业生产的发展，也为社会的进步和繁荣奠定了坚实基础。

（二）节俭与家庭生活的和谐共处

节俭是家庭生活的重要美德。在古代中国，节俭不仅表现为对物质生活的节制和约束，更体现了对家庭和谐与稳定的不懈追求。节俭的家庭能够合理安排家庭开支，避免浪费和奢侈，从而确保家庭成员的基本生活需求得到满足。同时，节俭的家庭还能够为子女树立良好的道德榜样，传承勤俭节约的家风。

节俭与家庭生活的和谐共处，还体现在对家庭成员的关爱和尊重上。节俭的家庭成员能够相互理解、相互支持，共同面对生活中的困难和挑战。这种和谐共处的家庭氛围，不仅能够提高家庭成员的幸福感和满足感，还能够促进社会的和谐与稳定。

（三）勤劳节俭与道德修养的内在关联

勤劳节俭不仅是物质生活的需要，更是道德修养的体现。在古代中国，勤劳节俭被视为一种高尚的道德品质，是人们追求精神境界和道德完善的重要途径。勤劳节俭的人能够自觉遵守社会道德规范，尊重他人、关爱社会，时刻展现出高尚的道德风范。

同时，勤劳节俭也体现了人们对自我价值的肯定和实现。通过辛勤劳作和勤俭节约，人们能够创造出更多的社会财富和价值，进而实现自身的价值和追求。这种自我价值的实现，不仅能够提高个人的幸福感和满足感，还能够为社会的进步和发展做出积极贡献。

（四）勤劳节俭与治国理政的智慧结合

在古代中国，勤劳节俭也是治国理政的重要智慧。统治者通过倡导勤劳节俭的美德，能够激发人民的积极性和创造力，推动国家的繁荣和发展。同时，勤劳节俭的治国理念也体现出了对国家和民族长远利益的考虑和关注。

统治者通过节俭用度、减轻百姓负担等措施，能够增强国家的财政实力和民生福祉。这种以民为本、勤政为民的治国理念，不仅能够赢得人民的信任和支持，还能够为国家的长治久安提供有力保障。同时，勤劳节俭的治国理念也体现了对自然资源的合理利用和保护的智慧，为可持续发展提供了重要借鉴。

二、勤劳节俭在传统文化中的地位

勤劳节俭作为中华民族传统文化的重要组成部分，在漫长的历史长河中扮演着举足轻重的角色。其不仅反映了古代社会的经济生活方式，更深刻地揭示了中华民族的道德观念和价值追求。下面笔者将从四个方面分析勤劳节俭在传统文化中的地位。

（一）勤劳节俭与儒家思想的融合

儒家思想作为中华传统文化的主流，其核心是"仁爱"和"礼制"。勤劳节俭与儒家思想有着密切的联系，是儒家道德体系中不可或缺的一部分。儒家思想强调"君子务本，本立而道生"，这里的"本"就包含了勤劳节俭的含义。儒家认为，勤劳节俭是君子立身处世的基本道德要求，是实现个人品德修养和社会和谐稳定的重要基础。

（二）勤劳节俭与道德建设的核心地位

在中华传统文化中，勤劳节俭被视为道德建设的重要内容。古人认为，勤劳节俭是培养良好道德品质、塑造完善人格的重要途径。通过勤劳节俭的实践，人们可以养成良好的行为习惯，培养坚韧不拔、吃苦耐劳的精神品质，进而形成健全的道德观念和正确的价值取向。同时，勤劳节俭也是衡量一个人道德品质的重要标准之一。一个勤劳节俭的人，往往被视为具有高尚道德情操和人格魅力的人，更易于得到社会的尊重和认可。

（三）勤劳节俭与经济发展的内在联系

勤劳节俭不仅是道德建设的核心内容，也与经济发展有着密切的联系。在古代中国，勤劳节俭是推动经济发展的重要动力。勤劳的人们通过辛勤劳作，不断创造和积累财富，为国家的繁荣和富强做出了巨大贡献。同时，节俭的精神也促使人们合理消费、避免浪费，为经济的可持续发展提供了有力保障。在传统文化中，勤劳节俭被视为一种经济智慧，是人们面对资源有限性、实现经济可持续发展的必然选择。

（四）勤劳节俭对社会风尚的引领作用

勤劳节俭在传统文化中还具有引领社会风尚的重要作用。古人认为，勤劳节俭是一种积极向上的社会风气，能够激励人们奋发向上、不断进取。通过宣传和弘扬勤劳节俭的美德，可以激发人们的爱国热情和民族自豪感，增强社会凝聚力和向心力。同时，勤劳节俭的精神也能够引领社会风气向更加健康、文明的方向发展，推动社会文明程度不断提高。因此，在传统文化中，勤劳节俭被视为一种具有强大生命力的社会风尚，对于推动社会进步和发展具有重要意义。

三、勤劳节俭美德的历史典范

勤劳节俭是中华民族的传统美德，其具有深远的历史底蕴和丰富的文化内涵，并在漫长的历史长河中涌现出无数令人敬仰的典范。这些典范不仅展示了勤劳节俭精神的深刻内涵，也为后人树立了学习的标杆。下面笔者将从四个方面分析勤劳节俭美德的历史典范。

（一）古代帝王与勤劳节俭

在古代中国，帝王作为国家的最高统治者，其言行举止往往成为社会的风向标。在勤劳节俭方面，许多古代帝王都为我们树立了典范。例如，汉文帝刘恒以节俭著称，他穿着朴素，甚至用布帛做自己的御衣；他下诏禁止郡国贡献奇珍异宝，力求减轻百姓负担。他的这些行为，不仅体现了对国家和民族的深远考虑，也彰显了勤劳节俭的美好精神。此外，明太祖朱元璋也是勤劳节俭的典范。他出身贫寒，深知民间疾苦，因此即位后力主节俭，严惩贪污腐败，使明朝初期出现了"洪武之治"的盛世局面。

（二）古代贤士与勤劳节俭

在古代中国，有许多贤士也以其勤劳节俭的精神为后人所称颂。他们虽然身处不同的历史时期和社会阶层，但都以自己的实际行动践行着勤劳节俭的美德。例如，孔子作为儒家学派的创始人，其一生都在倡导和实践勤劳节俭的精神。他提倡"温、良、恭、俭、让"的君子风范，认为节俭是君子应有的品质；墨子则主张"兼爱""非攻"，强调节用节葬，反对奢侈浪费。这些古代贤士的言行举止为我们树立了勤劳节俭的典范，也为我们提供了宝贵的精神财富。

（三）民间故事中的勤劳节俭典范

在民间故事中，也有许多勤劳节俭的典范。这些故事以生动有趣的情节和鲜明的人物形象，展现了勤劳节俭精神的深刻内涵。例如，"陶侃搬砖"的故事，其讲述了东晋名将陶侃为了国家富强和人民幸福，不辞辛劳、日夜勤勉工作的事迹。他的行为不仅赢得了人民的尊敬和爱戴，也为我们树立了勤劳节俭的典范。

（四）现代社会的勤劳节俭典范

在现代社会，勤劳节俭的美德依然熠熠生辉。许多人在各自的工作岗位上默默奉献、辛勤工作，以实际行动践行勤劳节俭的伟大精神。例如，一些企业家在创业过程中，坚持勤俭节约、艰苦奋斗的精神，不仅成功创立了自己的事业，也为社会创造了巨大的财富。此外，一些普通人在日常生活中也坚持勤俭节约、反对浪费的行为，他们用自己的实际行动诠释了勤劳节俭精神的深刻内涵。这些现代社会的勤劳节俭典范，为我们树立了学习的标杆，也为我们提供了宝贵的精神力量。

四、传统勤劳节俭美德的当代价值

在当今社会，随着经济的快速发展和物质生活的极大丰富，传统勤劳节俭美德的当代价值越发凸显。这种美德不仅承载着中华民族深厚的历史文化底蕴，更是现代社会可持续发展的重要基石。下面笔者将从四个方面分析传统勤劳节俭美德的当代价值。

（一）个人品德修养的基石

勤劳节俭作为中华民族的传统美德，对于个人品德修养具有深远的影响。在物质主义盛行的今天，人们往往容易陷入追求物质享受和奢侈浪费的误区。勤劳节俭的美德能够引导人们树立正确的价值观和消费观，培养人们艰苦奋斗、自力更生的精神品质。通过勤劳节俭的实践，人们能够培养自律、自强的品质，增强自我约束和自我管理能力，从而提升个人的综合素质和竞争力。

同时，勤劳节俭的美德还能够激发人们的创造力和创新精神。在面对困难和挑战时，勤劳节俭的人不会选择放弃或逃避，而是会积极寻找解决问题的方法，不断挖掘自身的潜力。这种精神品质对于个人的成长和发展至关重要，也是现代社会迫切需要的重要素质。

（二）社会和谐稳定的保障

勤劳节俭的美德对于社会和谐稳定具有重要的保障作用。在资源有限的情况下，勤劳节俭能够引导人们合理利用资源，避免浪费，从而保障社会的可持续发展。同时，勤劳节俭还能够增强社会的凝聚力和向心力，促进人与人之间和谐相处。在勤劳节俭的氛围中，人们更加注重团结协作、互帮互助，从而共同为社会的繁荣和稳定贡献自己的力量。

此外，勤劳节俭的美德还能够促进社会的公平正义。在勤劳节俭的实践中，人们更加注重平等和公正。这种精神品质能够推动社会风气的改善和进步，为社会的和谐稳定提供有力的支撑。

（三）经济发展的动力源泉

勤劳节俭的美德对于经济发展具有重要的推动作用。在经济发展的过程中，勤劳节俭能够激发人们的积极性和创造力，推动生产力的提高和经济的发展。通过勤劳节俭的实践，人们能够不断积累财富、创造价值，为经济的发展提供源源不断的动力。

同时，勤劳节俭还能促进经济的可持续发展。在资源日益紧张的情况下，勤劳节俭能够引导人们合理利用资源，避免过度浪费，从而降低生产成本、提高资源利用效率。这种发展模式不仅能够保障经济的稳定增长，还能够为子孙后代留下更多的生存空间和发展机遇。

（四）文化自信的体现

勤劳节俭的美德是中华优秀传统文化的重要组成部分，也是文化自信的重要体现。在当今世界文化多元化、交流互鉴的背景下，勤劳节俭的美德能够让我们更加坚定文化自信、增强民族凝聚力和向心力。通过传承和弘扬勤劳节俭的美德，我们能够向世界展示中华民族的文化魅力和精神风貌，提高国家在国际上的软实力和影响力。

同时，勤劳节俭的美德还能够促进文化创新和创造。在传承和弘扬勤劳节俭美德的过程中，我们可以结合现代社会的实际情况和人们的需求进行创新和发展，使其更好地适应时代发展的需要。这种文化创新和创造不仅能够丰富中华民族的文化内涵和表现形式，还能够为世界的文化多样性和文化繁荣做出重大贡献。

第二节　现代社会中的勤劳节俭新解

一、现代勤劳节俭的内涵变化

随着社会的快速发展和时代的变迁，勤劳节俭这一传统美德的内涵也在不断地发生变化。在现代社会中，勤劳节俭的内涵已经不仅仅局限于传统意义上的辛勤劳作和节约资源，而是涵盖了更广泛、更深刻的含义。下面笔者将从四个方面分析现代勤劳节俭的内涵变化。

（一）从物质节约到精神富足

在传统社会中，勤劳节俭更多地强调对物质资源的节约和合理利用，以应对资源匮乏和物质短缺的问题。然而，在现代社会中，随着物质生活的极大丰富和科技的快速发展，人们对勤劳节俭的理解也发生了巨大变化。现代勤劳节俭不仅仅关注物质资源的节约，更强调通过勤劳和节俭来实现精神的富足和内心的满足。人们开始追求简单、健康、有意义的生活方式，通过减少物质的追求和拥有，来丰富和提升自己的精神世界。

这种内涵变化反映了现代社会对生活质量和生活方式的新认识和新要求。人们意识到，真正的幸福和满足并不取决于物质的多少，而是更多地取决于内心的平和与满足。因此，现代勤劳节俭更多地强调通过勤劳和节俭来丰富自己的精神生活，进而实现内心的平衡和满足。

（二）从个体行为到社会责任

传统勤劳节俭主要关注的是个体在日常生活和工作中的行为方式，强调通过个人的努力来节约资源、创造财富。然而，在现代社会中，勤劳节俭的内涵已经扩展到了社会责任的层面。人们开始意识到，个人的勤劳和节俭不仅关乎自身的利益，更关乎社会的整体利益。因此，现代勤劳节俭更多地强调个人在履行社会责任中的积极作用。

这种内涵变化体现了现代社会对个体与社会关系的重新审视。人们意识到，作为社会的一员，每个人都有责任和义务为社会做出贡献。通过勤劳和节俭，个人不仅能够为自己创造更好的生活条件，还能够为社会的繁荣和发展做出应有的贡献。这种社会责任意识已经成为现代勤劳节俭的重要内涵之一。

（三）从单一价值到多元价值

传统勤劳节俭更多地强调物质价值的创造和积累，以物质财富的多少来衡量勤劳节俭的成果。然而，在现代社会中，勤劳节俭的内涵已经扩展到了多元价值的层面。人们开始认识到，勤劳和节俭不仅能够创造物质财富，还能够带来其他方面的价值和成果。

这种内涵变化体现了现代社会对价值观念的多元化和丰富化。人们开始关注勤劳和节俭在精神、文化、生态等方面的价值和意义。例如，通过勤劳工作，人们可以实现自我价值的升华和人生意义的实现；通过节俭生活，人们可以保护生态环境、促进社会可持续发展等。这种多元价值观念的兴起，使得现代勤劳节俭的内涵变得更加丰富和全面。

（四）从被动接受到主动创造

传统勤劳节俭更多地强调个体对外部环境的适应和顺从，通过被动接受和遵守既定规则来实现节约和效益。然而，在现代社会中，勤劳节俭的内涵已经发生了变化，人们开始强调通过主动创造和改变来实现节约和效益。

这种内涵变化体现了现代社会对个体主动性和创造性的重视。人们意识到，只有通过主动创造和改变，才能够实现真正的节约和效益。因此，现代勤劳节俭更多地强调个体在勤劳和节俭过程中的主动性和创造性。例如，在工作中，人们通过创新技术和方法、提高工作效率等方式来实现节约和效益；而在生活中，人们通过改变生活方式和消费习惯、减少浪费等方式来实现节约和效益。这种主动创造的精神已经成为现代勤劳节俭的重要内涵之一。

二、现代勤劳节俭的时代特征

在现代社会，勤劳节俭这一传统美德被赋予了新的时代特征，它不再仅仅是简单的劳动和节约的代名词，而是呈现出更加多元化、深层次和具有时代性的内涵。下面笔者将从四个方面分析现代勤劳节俭的时代特征。

（一）科技驱动下的高效勤劳

在现代社会，科技成为推动经济发展的重要力量，勤劳节俭也因此在科技的驱动下呈现出高效的特征。传统意义上的勤劳更多地表现为体力的投入和时间的付出，现代勤劳则更多地体现在智力、技术和效率的提升上。人们通过学习和掌握先进的科技知识，以提高工作效率，减少浪费，实现资源的最大化利用。这种高效的勤劳不仅为人们带来了更多的物质财富，也改变了人们的精神面貌，提升了生活质量。

同时，现代勤劳还表现出一种持续学习和创新的精神。在知识经济和信息时代，知识和技能的更新速度日益加快，人们需要不断地学习和掌握新的知识和技能，以适应不断变化的市场需求。这种持续学习和创新的精神也是现代勤劳的重要特征之一。

（二）绿色环保理念下的节约资源

随着环保意识的日益增强，现代勤劳节俭也更加注重资源的节约和环境的保护。人们开始意识到资源的有限性和环境的脆弱性，因此，在日常生活和工作中更加注重节约资源、减少浪费。这种节约资源的理念不仅体现在物质资源的利用上，也体现在能源、水资源、土地资源等方面的节约上。人们通过采用节能、环保的技术和设备，减少能源的消耗和废弃物的排放，以实现资源的可持续利用。

同时，现代勤劳节俭还强调生态文明的建设。人们通过植树造林、绿化环境、保护野生动植物等各种方式，改善生态环境，提高生态系统的稳定性和自我修复能力。这种生态文明的建设也是现代勤劳节俭的重要体现之一。

（三）社会责任意识下的共享发展

在现代社会，勤劳节俭已经不仅仅是个人的行为准则，更是社会责任的体现。人们开始认识到，个人的勤劳和节俭不仅关乎自身的利益，更关乎社会的整体利益。因此，现代勤劳节俭更加注重强调社会责任意识和共享发展的理念。

这种社会责任意识体现在人们对自己行为的反思和约束上。人们开始关注自己的行为对环境、社会和他人的影响，并在努力减少负面影响。同时，人们也更加注重与他人和社会的合作与共享，通过共同努力和合作来实现社会的发展和进步。

共享发展的理念也体现在资源的共享和利用上。人们开始意识到资源的有限性和共享的必要性，因此更加注重资源的共享和利用。通过资源的共享和利用，不仅可以提高资源的利用效率，还可以促进人与人之间的和谐相处和共同发展。

（四）价值观多元化下的精神追求

在现代社会，价值观的多元化为人们提供了更多的选择和可能性。人们开始追求更加多元化、个性化、有意义的生活方式。在这种背景下，现代勤劳节俭也呈现出一种精神追求的特征。

这种精神追求体现在人们对生活的热爱和关注上。人们开始注重生活的品质，追求简单、健康、有意义的生活方式。通过勤劳和节俭，人们可以丰富自己的精神世界，实现内心的平和和满足。

同时，这种精神追求也体现在人们对社会、文化和艺术的关注和追求上。人们通过参与各种社会活动、文化活动、艺术活动等方式，丰富自己的精神世界，提高自己的文化素养和审美能力。这种精神追求也是现代勤劳节俭的重要特征之一。

三、现代勤劳节俭与经济发展的关系

在现代社会，勤劳节俭作为一种传统美德，不仅具有深刻的道德内涵，而且与经济发展存在着密不可分的关系。下面笔者将从四个方面深入分析现代勤劳节俭与经济发展的关系。

（一）资源节约与经济增长的可持续性

现代勤劳节俭的核心在于资源的合理利用和节约。在资源有限的情况下，通过勤劳和节俭，人们可以更加高效地利用资源，减少浪费，从而保障经济的可持续发展。这种节约资源的理念有助于延长资源的利用周期，缓解资源紧张的压力，为经济的持续增长提供稳定的物质基础。

同时，资源的节约还有助于降低生产成本，提高企业的竞争力。通过采用节能、环保的技术和设备，企业可以减少对原材料的消耗和能源的浪费，从而降低生产成本，提高生产效率。这不仅有助于企业获得更高的利润，也有助于提升整个行业的竞争力，推动经济的健康发展。

（二）消费观念转变与经济增长动力

现代勤劳节俭强调理性消费和适度消费，这与传统奢侈浪费的消费观念形成了鲜明对比。随着人们消费观念的转变，越来越多的人开始注重消费的实用性和性价比，而不是仅仅追求物质的满足和享受。这种理性消费的观念有助于减少消费浪费，为经济的增长提供更为稳健的动力。

同时，理性消费还有助于促进消费升级和产业升级。随着消费者对产品质量和服务水平的要求不断提高，企业需要不断创新和改进产品和服务，以满足消费者的需求。这种创新和改进有助于推动产业的升级和转型，为经济的增长注入新的活力。

（三）创新创业精神与经济增长潜力

现代勤劳节俭鼓励人们通过创新创业来实现自我价值和财富增长。在创新创业的过程中，人们需要不断学习新知识、掌握新技能、开拓新市场，这种创新创业的精神是推动经济增长的重要源动力。

同时，创新创业还有助于促进就业和增加收入。通过创新创业，人们可以创造新的就业机会，为更多的人提供就业机会和收入来源。这不仅有助于缓解就业压力，也有助于提高人们的生活水平，进一步推动经济的持续增长。

（四）社会责任与经济发展可持续性

现代勤劳节俭强调个人在履行社会责任中的积极作用。通过勤劳和节俭，个人可以为社会的繁荣和发展做出贡献，实现个人价值和社会价值的统一。这种社会责任意识有助于推动经济的可持续发展。

同时，社会责任还有助于促进企业与社会的和谐共生。企业作为社会的一员，需要承担起相应的社会责任，包括关注环境、关注社会、关注员工。这种关注不仅有助于提升企业的社会形象和声誉，也有助于增强企业的凝聚力和向心力，为企业的长期发展奠定坚实基础。

总之，现代勤劳节俭与经济发展之间存在着密不可分的关系。通过资源的节约、消费观念的转变、创新创业精神的培养及社会责任的履行，现代勤劳节俭为经济的可持续发展提供了有力支持。

四、现代勤劳节俭对个人生活的意义

在现代社会，勤劳节俭作为一种传统美德，对个人生活具有深远的意义和影响。它不仅关乎个人的道德品质，也涉及个人的经济生活、精神生活以及未来的规划与发展。下面笔者将从四个方面深入分析现代勤劳节俭对个人生活的意义。

（一）塑造健康经济生活

现代勤劳节俭首先对个人经济生活具有积极的塑造作用。在消费主义盛行的今天，人们往往容易陷入过度消费和物质追求的陷阱中。然而，勤劳节俭的价值观提醒着我们，要理性对待消费，注重实用性和性价比，避免浪费。通过节约开支、积累财富，我们可以更好地规划和管理自己的财务，确保经济的稳健发展。这不仅有助于我们在经济压力面前保持稳定的生活，也为我们提供了更多的机会去实现自己的梦想和目标。

此外，勤劳节俭还有助于培养我们的理财能力和风险意识。通过精打细算、合理规划，我们可以更好地掌握自己的财务状况，降低财务风险。这种理财能力和风险意识不仅对我们个人的经济生活具有重要意义，也对我们未来的职业发展和社会生活具有深远的影响。

（二）丰富精神生活

现代勤劳节俭对个人精神生活也具有积极的影响。在追求物质满足的同时，我们往往容易忽视精神层面的需求。因此，勤劳节俭的价值观提醒我们，要关注自己的内心世界，追求精神的富足和满足。通过减少物质的追求和拥有，我们可以有更多的时间和精力去关注自己的兴趣爱好，例如阅读书籍、参加文化活动等，从而丰富自己的精神生活。

此外，勤劳节俭还有助于培养我们的自律精神和责任感。在追求节俭的过程中，我们需要克制自己的欲望和冲动，坚守自己的原则和底线。这种自律精神和责任感不仅有助于我们在个人生活中保持良好的品质和行为习惯，也对我们未来的职业发展和社会生活具有积极的影响。

（三）促进个人成长与发展

现代勤劳节俭对个人成长与发展也具有重要意义。通过勤劳工作和学习，我们可以不断提升自己的能力和素质，为未来的职业发展打下坚实基础。同时，节俭的生活方式也有助于我们更好地管理自己的时间和精力，避免过度消耗和浪费。这种管理能力和时间观念不仅有助于我们在工作和学习中更加专注和高效，也对我们未来的生活规划和发展具有深远的影响。

此外，勤劳节俭还有助于培养我们的创新精神和创业意识。在追求节俭的过程中，我们需要不断寻找新的方法和途径来降低成本和提高效率。这种创新精神不仅有助于我们在工作和学习中不断取得新的突破和进步，也为我们未来的创业和发展提供了更多的可能性和机会。

（四）塑造良好道德品质

现代勤劳节俭对个人道德品质的培养具有重要意义。勤劳节俭不仅是一种经济生活和精神生活的追求方式，更是一种道德品质的体现。通过勤劳工作和学习、节俭生活和管理财务等实践行为，我们可以逐渐培养出勤劳、节俭、自律、责任感等良好的道德品质。这些道德品质不仅有助于我们在个人生活中保持良好的行为习惯和品质风范，也对我们未来的职业发展和社会生活具有积极的影响。同时，这些道德品质也是我们成为一个有道德、有责任感、有担当的公民所必须具备的基本素质。

第三节　勤劳节俭美德的创新实践

一、农业生产中的勤劳节俭实践

在农业生产中，勤劳节俭的美德始终扮演着至关重要的角色。它不仅体现在对土地资源的合理利用上，还贯穿于种植、养殖、加工等各个环节。下面笔者将从四个方面详细分析农业生产中的勤劳节俭实践。

（一）土地资源的高效利用

土地资源是农业生产的基础，勤劳节俭的实践首先体现在对土地的高效利用上。现代农民通过精细化的土地管理，如轮作、间作、套种等方式，实现对土地资源的最大化利用。这些方式不仅能够提高土地的产出率，还能有效减少化肥、农药的使用，降低农业生产对环境的负面影响。同时，农民还注重土地的保养与修复，通过深耕、施肥、灌溉等各种措施，提高土地的肥力和保水能力，确保土地资源的可持续利用。

（二）种植技术的创新与节能

在种植环节，勤劳节俭的实践表现为对种植技术的不断创新和节能降耗。现代农民积极引进先进的种植技术，如滴灌、喷灌等节水灌溉技术，以及生物防治、物理防治等绿色植保技术，以减少水资源和化学农药的使用。同时，他们还注重种植品种的选择和优化，选择适应当地气候和土壤条件的优质品种，提高作物的产量和品质。这些做法不仅降低了生产成本，还提高了农产品的市场竞争力。

（三）养殖业的精细化管理

在养殖业中，勤劳节俭的实践同样重要。现代农民通过精细化管理，不断提高养殖效率，降低养殖成本。他们重视养殖环境的卫生和消毒工作，以减少疾病的发生和传播。同时，他们还积极引进先进的养殖技术和设备，如自动喂料系统、智能温控系统等，有利于降低劳动力成本，提高养殖效益。此外，农民还注重饲料的科学配比和合理利用，减少饲料的浪费和成本支出。

（四）农产品加工与废弃物的资源化利用

农产品加工是农业生产的重要环节，勤劳节俭的实践在这一环节同样得到体现。现代农民通过引进先进的加工技术和设备，提高农产品的加工效率和质量。同时，他们还注重废弃物的资源化利用，将加工过程中产生的废弃物进行回收和处理，转化为有用的资源。例如，将秸秆、畜禽粪便等废弃物进行堆肥处理，将其转化为有机肥料；将废弃的农产品进行深加工或制作成副产品，可以增加农产品的附加值和利用率。这些做法不仅降低了环境污染和资源浪费，还提高了农业生产的综合效益。

综上所述，农业生产中的勤劳节俭实践体现在对土地资源的高效利用、种植技术的创新与节能、养殖业的精细化管理以及农产品加工与废弃物的资源化利用等方面。这些实践不仅提高了农业生产的效率和质量，还促进了农业可持续发展和环境保护。因此，我们应该继续弘扬勤劳节俭的美德，持续推动农业生产方式的创新和发展。

二、工业生产中的资源节约创新

在工业生产中，资源节约创新是实现可持续发展和经济效益双赢的关键。随着科技的不断进步和环保意识的提高，工业生产领域正积极探索和实践资源节约的创新方法。下面笔者将从四个方面详细分析工业生产中的资源节约创新。

（一）技术创新与能效提升

技术创新是工业生产中实现资源节约的核心驱动力。通过引进先进的生产工艺和设备，企业能够显著提高生产效率和能源利用率，减少原材料的消耗和废弃物的产生。例如，采用高效节能的电机、变频器等电气设备，企业可以大幅降低电能消耗；采用智能化控制系统，企业可以实现对生产过程的精确控制，减少能源浪费。此外，企业还应注重研发新技术、新材料以替代传统的高能耗、高污染材料，从根本上实现资源的节约。

（二）废弃物回收与循环利用

废弃物回收与循环利用是工业生产中实现资源节约的重要途径。企业应对生产过程中产生的废弃物进行分类、回收和再利用，进而将其转化为新的资源或产品。例如，对金属废弃物进行回收和冶炼，可以重新用于生产；对塑料废弃物进行破碎、清洗和再生造粒，可以制成新的塑料制品。此外，企业还应积极探索废弃物资源化利用的新技术、新方法，以提高废弃物的利用率和附加值。通过废弃物回收与循环利用，企业可以大幅减少原材料的消耗和废弃物的排放，降低生产成本和环境污染。

（三）绿色供应链管理

绿色供应链管理是工业生产中实现资源节约的重要手段。企业应建立绿色供应链管理体系，从原材料采购、生产、销售到废弃物处理等各个环节都应注重资源的节约和环境的保护。在原材料采购环节，企业应优先选择环保、可再生、可降解的原材料；在生产环节，企业应注重节能减排和废弃物的减量化、资源化；在销售环节，企业应推广绿色产品和服务，引导消费者形成绿色消费习惯；在废弃物处理环节，企业应建立完善的废弃物回收和处理体系，确保废弃物得以安全、环保处理。通过绿色供应链管理，企业可以实现从源头到终端的全流程资源节约和环境保护。

（四）企业文化与员工参与

企业文化和员工参与是实现工业生产中资源节约的重要保障。企业应积极倡导节约资源、保护环境的理念，将其融入企业的核心价值观和发展战略中。通过组织各种培训、宣传和教育活动，进而提高员工对资源节约和环境保护的认识和意识。同时，企业还应建立完善的激励机制和考核体系，鼓励员工积极参与资源节约和环境保护工作。例如，设立节能降耗奖励制度、开展节能降耗竞赛等活动，激发员工的积极性和创造力。通过企业文化建设和员工参与，企业可以形成全员参与、共同推进资源节约和环境保护的良好氛围。

综上所述，工业生产中的资源节约创新是一个复杂而系统的工程，需要企业从技术创新、废弃物回收与循环利用、绿色供应链管理和企业文化与员工参与等多个方面入手。通过不断探索和实践，企业可以实现资源的节约和环境的保护，进一步推动工业生产的可持续发展。

三、商业领域的勤俭经营模式

在商业领域，勤俭经营模式不仅是一种经济策略，更是一种企业文化和经营理念。它强调在经营过程中注重资源的有效利用，以减少浪费，通过精细管理和成本控制，可以实现企业的可持续发展。下面笔者将从四个方面详细分析商业领域的勤俭经营模式。

（一）精细化的成本管理与控制

勤俭经营模式的首要环节是精细化的成本管理与控制。在商业运营中，成本是企业盈利的关键因素。通过精细化的管理，企业可以准确掌握各项成本的情况，并对其进行有效控制。这包括原材料采购、生产流程、物流配送、仓储管理等各个环节。企业可以建立完善的成本分析系统，以便于对成本进行实时监控和评估，确保各项成本在合理范围内波动。同时，企业还可以通过优化采购渠道、提高生产效率、降低物流费用等方式，进一步降低成本，提高企业的盈利能力。

（二）绿色环保的经营理念

勤俭经营模式还强调绿色环保的经营理念。随着人们环保意识的不断提高，绿色消费已成为市场的新发展趋势。企业在经营过程中应注重环保，采用环保材料、绿色生产方式，减少废弃物和污染物的排放。这不仅有助于提升企业的社会形象，还可以降低企业的环保成本。同时，企业还可以通过开发绿色产品和服务，以满足消费者的绿色消费需求，实现经济效益和社会效益的双赢。

（三）智能化与自动化的技术应用

在现代商业领域，智能化和自动化的技术应用为勤俭经营模式提供了有力支持。通过引进先进的智能化和自动化设备，企业可以提高生产效率，减少人力成本，降低能耗和废弃物产生。例如，智能仓储系统可以实现对库存的实时监控和管理，降低库存成本；自动化生产线可以提高生产速度和质量，减少人工操作错误；智能物流系统可以优化配送路线和方式，降低物流成本。这些技术的综合应用不仅有助于企业实现资源的节约和环境的保护，还可以提高企业的竞争力和市场占有率。

（四）企业文化与团队建设

勤俭经营模式还需要企业建立相应的企业文化和团队。企业文化是企业的灵魂和核心竞争力之一。在勤俭经营模式下，企业应积极倡导节约资源、保护环境、精益求精的企业文化理念。同时，企业还应加强团队建设，培养员工的勤俭意识和职业素养。通过定期组织培训、交流和学习等活动，可以提高员工的专业技能和管理水平。同时，企业还应建立完善的激励机制和考核体系，激发员工的积极性和创造力。通过企业文化建设和团队建设，企业可以形成全员参与、共同推进勤俭经营模式的良好氛围。

综上所述，商业领域的勤俭经营模式需要从精细化的成本管理与控制、绿色环保的经营理念、智能化与自动化的技术应用以及企业文化与团队建设等方面入手。通过不断探索和实践，企业可以实现资源的节约和环境的保护，提高经济效益和社会效益，从而实现可持续发展。同时，勤俭经营模式也有助于企业在激烈的市场竞争中保持领先地位，赢得消费者的信任和支持。

四、个人生活中的勤俭消费习惯

在个人生活中，勤俭消费习惯是每个人都可以实践并推广的重要美德。它不仅有助于个人财务的健康管理，还能促进社会的可持续发展。下面笔者将从四个方面详细分析个人生活中的勤俭消费习惯。

（一）理性消费与计划性购物

理性消费是勤俭消费习惯的核心。在现代社会，各种商品和服务琳琅满目，很容易让人产生冲动消费。然而，真正的勤俭消费要求我们在购物前进行深思熟虑，确保每一笔消费都是必要的、合理的。因此，制订购物计划、列出购物清单、比较不同商品的价格和质量等都是进行理性消费的重要步骤。

通过这些方法，我们可以避免浪费，实现消费的最大化效益。

在计划性购物方面，我们应该根据自身的实际需求和预算，合理安排购物时间和地点。例如，在超市购物时，我们可以选择在促销活动期间购买所需物品，或者利用优惠券和会员卡等方式降低购物成本。此外，我们还应该避免频繁更换手机、电子产品等消费品，尽量延长其使用寿命，以减少资源的浪费。

（二）节约资源与生活方式的转变

节约资源是勤俭消费习惯的重要体现。在日常生活中，我们可以通过节约用水、用电、用气等方式来减少资源的消耗。例如，在用水方面，我们可以养成随用随关水龙头的习惯，避免长时间放水；在用电方面，我们可以选择节能灯具、电器等节能产品，减少电能的消耗；在用气方面，我们可以合理使用燃气、液化气等能源，减少浪费。

除了节约资源外，我们还可以通过改变生活方式来实现勤俭消费。例如，我们可以选择公共交通、步行、骑行等低碳出行方式，减少私家车的使用；在饮食方面，我们可以选择健康、环保的食品，减少肉类和加工食品的摄入；在居住方面，我们可以选择节能、环保的建筑材料和家具，降低能源消耗和环境污染。

（三）环保意识与绿色生活方式的实践

环保意识是勤俭消费习惯的重要支撑。在现代社会，环保已经成为一种时尚和潮流。我们应该树立环保意识，关注环境问题，从自身做起，积极参与环保活动。在日常生活中，我们可以采取一系列绿色生活方式来实践勤俭消费。

例如，在垃圾分类方面，我们应该将可回收垃圾、有害垃圾、湿垃圾和干垃圾进行分类投放，促进资源的高效回收和利用；在废旧物品处理方面，我们可以选择将废旧物品进行再利用或捐赠给有需要的人，避免浪费和污染；在购物时，我们可以选择环保包装的产品，减少包装垃圾的产生。

此外，我们还可以积极参与各种环保活动，如植树造林、清理河道、宣传环保知识等。通过这些活动，我们既为环保事业贡献了自己的力量，同时也培养了勤俭消费的好习惯。

（四）勤俭消费习惯的养成与传承

勤俭消费习惯的养成需要长期的坚持和努力。我们应该从自身做起，从点滴小事做起，逐渐养成勤俭消费的习惯。同时，我们还应该将这种习惯传承给下一代，让他们从小就养成勤俭消费的意识。

在家庭教育中，父母应该引导孩子树立正确的消费观和价值观，让他们了解资源的有限性和浪费的重要危害性。在学校教育中，学校应该加强勤俭消费的教育和宣传，让学生了解勤俭消费的重要性和方法。在社会教育中，各种媒体和机构也应该加强勤俭消费的宣传和引导，让更多的人了解并实践勤俭消费。

总之，个人生活中的勤俭消费习惯是每个人都应该关注和实践的重要美德。通过理性消费、节约资源、环保意识和传承等几方面的努力，我们可以实现个人财务的健康管理和社会的可持续发展。

第四节　勤劳节俭美德在经济建设中的作用

一、促进经济持续健康发展

勤劳节俭是中华民族的传统美德，在经济建设中发挥着举足轻重的作用。这种美德不仅体现了个人品质，更是推动经济持续健康发展的动力。下面笔者将从四个方面详细分析勤劳节俭美德在经济建设中的作用。

（一）提高生产效率与经济效益

勤劳节俭美德鼓励人们在工作中勤奋努力，不断追求更高的效率和效益。在企业经营中，员工通过勤劳工作，可以提高生产效率，减少生产成本，从而增加企业的经济效益。这种精神还可以激发企业的创新活力，推动企业不断研发新技术、新产品，进而提升市场竞争力。同时，勤劳节俭的美德也有助于企业形成良好的管理文化，减少浪费和损失，进一步提高经济效益。

从国家层面来看，勤劳节俭美德可以促进社会整体生产力的提高。人们通过辛勤劳动，可以为社会创造更多的财富和价值，推动国家经济的持续健康发展。同时，这种美德也有助于形成积极向上的社会氛围，激发人们的创造力和创新精神，为经济建设注入源源不断的动力。

（二）优化资源配置与节约利用

勤劳节俭美德强调资源的有效利用和节约。在经济建设中，资源的合理配置和高效利用是实现可持续发展的关键。勤劳节俭的人们注重节约资源，减少浪费，通过合理使用资源，进而实现资源的最大化利用。这种美德有助于优化资源配置，提高资源利用效率，降低生产成本，为经济发展提供强有力支持。

此外，勤劳节俭美德还可以促进循环经济的发展。通过回收再利用废旧物品、减少废弃物排放等措施，可以实现资源的循环利用和减少环境污染。这种经济发展模式有助于缓解资源短缺和环境污染问题，推动经济向更加绿色、可持续的方向发展。

（三）培育健康消费观与促进社会和谐

勤劳节俭美德有助于培育健康的消费观念。在消费过程中，人们注重实际需求和经济承受能力，避免盲目消费和奢侈浪费。这种消费观念有助于形成合理、健康的消费结构，促进经济的平稳发展。同时，勤劳节俭的美德还可以引导人们树立正确的价值观，追求精神上的富足和满足，进而提升生活质量和幸福感。

勤劳节俭美德还有助于促进社会和谐稳定。在经济建设中，人们通过勤劳工作创造财富和价值，实现个人和社会的共同发展。同时，这种美德还可以减少社会矛盾和冲突，促进社会和谐稳定。例如，在分配过程中，勤劳节俭的人更注重公平和正义，尊重他人的劳动成果和权益，有利于维护社会的公平和正义。

（四）树立良好国际形象与推动国际合作

勤劳节俭美德是中华民族的优秀传统文化之一，也是国家软实力的具体体现。在国际舞台上，中国通过展示勤劳节俭的美德，树立了良好的国际形象，赢得了国际社会的广泛赞誉。这种美德不仅体现了中国人民的勤劳和智慧，也展示了中国经济发展的潜力和活力。

同时，勤劳节俭美德还可以推动国际合作和交流。在全球化背景下，各国之间的联系和依存度日益加深。勤劳节俭的美德有助于各国在经济、文化等领域开展广泛的合作和交流，共同应对全球性挑战和问题。通过分享经验、学习借鉴等方式，各国可以共同推动全球经济的可持续健康发展。

二、提升国际竞争力的关键因素：勤劳节俭美德

勤劳节俭作为中华民族的传统美德，在提升国际竞争力方面扮演着至关重要的角色。下面笔者将从四个方面详细分析勤劳节俭美德是如何成为提升国际竞争力的关键因素。

（一）培养国家经济的持久动力

勤劳节俭的美德深深植根于中华民族的文化之中，这种美德对于国家经济的发展具有持久的推动作用。勤劳意味着人们愿意付出更多的努力和时间来工作，这种精神能够推动国家经济快速增长。节俭则意味着人们注重资源的有效利用和节约，这有助于国家在经济活动中降低成本，提高经济效益。当整个社会都充满勤劳节俭的氛围时，国家经济就能够保持持续、健康的发展态势，从而在全球竞争中占据有利地位。

此外，勤劳节俭的美德还有助于培养企业的创新精神。在资源有限的情况下，企业为了降低成本、提高效率，必须不断研发新技术、新产品，以适应市场的快速变化。这种创新精神是企业竞争力的重要体现，也是国际竞争力的重要来源。

（二）塑造国家文化的独特魅力

勤劳节俭的美德不仅是中华民族的文化传统，也是国家文化的重要组成

部分。这种美德所蕴含的价值观念和行为准则，能够塑造国家文化的独特魅力，吸引全球的目光。在全球化的背景下，国家之间的竞争不仅是经济实力的竞争，更是文化软实力的竞争。勤劳节俭的美德作为国家文化的重要元素，能够提升国家的文化软实力，进一步增强国家的国际影响力。

同时，勤劳节俭的美德还有助于增强国民的凝聚力和向心力。当国民都秉持着勤劳节俭的精神时，他们就会更加团结一致、共同努力，为国家的繁荣富强贡献力量。这种凝聚力和向心力是国际竞争力的重要支撑，也是国家在国际舞台上立足的根本。

（三）提高国家在全球产业链中的地位

勤劳节俭的美德有助于提升国家在全球产业链中的地位。勤劳意味着国家能够提供更多、更优质的劳动力资源，这对那些需要大量劳动力投入的产业来说至关重要；节俭则意味着国家能够在生产过程中降低成本、提高效率，从而在全球产业链中获得更大的竞争优势。当国家在全球产业链中的地位得到提升时，其国际影响力也会相应增强，这对于提升国际竞争力具有重要意义。

此外，勤劳节俭的美德还有助于推动国家产业结构的优化升级。在资源有限的情况下，国家需要不断优化产业结构，发展高效、低耗、环保的产业。勤劳节俭的美德能够引导人们关注资源的有效利用和节约，推动产业结构优化升级，从而增强国家的经济实力和竞争力。

（四）强化国家的创新能力与持续发展潜力

勤劳节俭的美德能够激发人们的创造力和创新精神。在勤劳节俭的氛围中，人们会更加注重实效，不断寻求新的方法和途径来解决问题。这种创造力和创新精神是推动国家创新发展的重要动力。当国家具备强大的创新能力时，就能够不断推出新技术、新产品、新业态，从而在全球竞争中占据领先地位。

同时，勤劳节俭的美德还有助于强化国家的持续发展潜力。在资源有限的情况下，国家需要注重可持续发展，实现经济、社会、环境的协调发展。勤劳节俭的美德能够引导人们关注资源的节约和环境的保护，推动可持续发展战略的有效实施。这种持续发展潜力是国际竞争力的重要体现，也是国家在未来发展中立于不败之地的关键。

三、缓解资源环境压力的有效途径：勤劳节俭美德

随着全球人口的迅猛增长和经济的快速发展，资源环境压力日益增大。在这一背景下，勤劳节俭美德作为一种传统价值观，对于缓解资源环境压力具有重要作用。下面笔者将从四个方面详细分析勤劳节俭美德是如何成为缓解资源环境压力的有效途径。

（一）减少资源浪费与过度消费

勤劳节俭美德的核心在于对资源的珍视和合理利用。在现代社会，过度消费和浪费现象屡见不鲜，这不仅加剧了资源的消耗，也对环境造成了巨大的压力。勤劳节俭的人注重适当消费，避免盲目消费和奢侈浪费，通过减少不必要的购买和使用，有效降低了资源的消耗。例如，在餐饮领域，勤劳节俭的人会根据自己的实际需要点餐，避免浪费食物；在购物时，他们会选择环保包装和可循环利用的产品，尽量减少包装垃圾的产生。这种消费方式不仅有利于个人财务的健康管理，也有助于缓解资源环境压力。

（二）推动绿色生产方式的普及

勤劳节俭美德不仅体现在消费环节，也贯穿于生产环节。在生产过程中，勤劳节俭的人注重资源的有效利用和减少浪费，推动绿色生产方式的普及。他们通过改进生产工艺、提高资源利用效率、减少废弃物排放等措施，进而降低生产活动对环境的负面影响。这种生产方式不仅有助于企业降低生产成本、提高经济效益，也有助于促进整个社会的可持续发展。例如，一些企业采用循环经济的理念，将废弃物转化为资源进行再利用，既减少了废弃物的排放，又给企业带来了额外的经济收益。

（三）培养环保意识和责任感

勤劳节俭美德的普及有助于培养人们的环保意识和责任感。当每个人都秉持着勤劳节俭的精神时，他们就会更加关注自己的行为对环境的影响，并

积极采取措施减少负面影响。这种环保意识和责任感能够促使人们从自身做起，从小事做起，共同为保护环境贡献自己的力量。例如，人们会自觉分类投放垃圾、减少一次性用品的使用、选择公共交通出行等，这些行为虽然看似微小，但汇聚起来就能产生巨大的环保效应。

（四）促进可持续发展战略的实施

勤劳节俭美德与可持续发展战略紧密相关。可持续发展战略强调在满足当代人需求的同时，不损害后代人满足其需求的能力。勤劳节俭的美德正是这一战略的具体体现。通过勤劳节俭的生活方式，人们能够减少对资源的消耗和对环境的破坏，为后代留下更多的生存空间和发展机会。同时，勤劳节俭的美德也有助于推动政府和企业制定更加科学合理的可持续发展政策和措施，促进整个社会的可持续发展。例如，政府可以通过制定节能减排政策、推广清洁能源等各种措施来引导社会形成勤劳节俭的氛围；企业则可以通过研发新技术、改进生产工艺等方式来降低生产活动对环境的负面影响。

总之，勤劳节俭美德是缓解资源环境压力的有效途径之一。通过减少资源浪费与过度消费、推动绿色生产方式的普及、培养环保意识和责任感以及促进可持续发展战略的实施等措施，我们可以共同为保护环境、实现可持续发展贡献自己的力量。

第五节　勤劳节俭美德在环境保护中的应用

一、减少能源消耗与环境污染

勤劳节俭美德在环境保护中扮演着举足轻重的角色，特别是在减少能源消耗和环境污染方面。下面笔者将从四个方面详细分析勤劳节俭美德在这一领域的应用。

（一）倡导节能的生活方式

勤劳节俭美德鼓励人们采取节能的生活方式，通过日常生活中的点滴行动来减少能源消耗。首先，人们可以养成随手关灯、关电器的好习惯，以避免不必要的电力浪费。其次，在购买家电时，选择能效标识高的产品，减少电力消耗。最后，合理安排出行方式，如选择公共交通、骑行或步行等低碳出行方式，也能有效降低能源消耗。而这些看似微小的节能行为，汇集起来却将产生巨大的环保效应。

同时，勤劳节俭的美德也倡导人们节约用水、用气等资源。例如，在洗漱、洗衣等日常生活中，人们可以注意减少用水量，避免长时间放水；在烹饪时，应合理使用燃气，避免浪费。这些节能行为不仅有助于降低能源消耗，还能为人们节省开支，实现双赢。

（二）推广绿色消费观念

勤劳节俭美德还体现在绿色消费观念的推广上。绿色消费是指在满足人们基本生活需求的同时，注重环保、节能、低碳的消费方式。人们可以通过购买环保产品、支持绿色企业等方式来实现绿色消费。例如，选择使用可再生材料制成的商品，避免购买一次性用品；在购买食品时，选择有机、绿色食品，减少农药残留和化肥使用对环境的污染。

绿色消费观念的推广不仅有助于减少环境污染，还能推动绿色产业的发展。随着消费者对环保产品的需求逐步增加，企业将更加重视环保和节能技术的研发和应用，推动产业向绿色、低碳方向发展。

（三）促进资源循环利用

勤劳节俭美德在资源循环利用方面也发挥着重要作用。人们可以通过回收废旧物品、参与垃圾分类等方式来促进资源的循环利用。回收废旧物品可以减少垃圾的产生量，降低处理成本，同时回收的物资还可以再次被利用，以减少对原生资源的需求。垃圾分类则有助于将可回收物和有害垃圾分离出来，提高资源利用效率，减少环境污染。

此外，勤劳节俭的美德还鼓励人们进行家庭废弃物的再利用。例如，将废弃的塑料瓶、纸盒等物品进行改造，制作成坚固实用的家居用品；将厨余垃圾进行堆肥处理，制成有机肥料用于植物生长等。这些做法不仅能够减少废弃物对环境的污染，还能为人们创造额外的价值。

（四）强化环保意识与责任感

勤劳节俭美德的普及有助于强化人们的环保意识和责任感。当每个人都秉持着勤劳节俭的精神时，人们就会更加关注自己的行为对环境的影响，并积极采取措施以减少负面影响。这种环保意识和责任感能够促使人们从自身做起，从小事做起，共同为保护环境贡献一份力量。

同时，勤劳节俭的美德还能够激发人们的创新精神和创造力。在面对资源短缺和环境污染问题时，人们会积极寻求新的解决方案和途径，推动环保技术的创新和发展。这种创新精神是推动环保事业不断前进的重要动力。

总之，勤劳节俭美德在减少能源消耗和环境污染方面发挥着重要作用。通过倡导节能生活方式、推广绿色消费观念、促进资源循环利用以及强化环保意识与责任感等措施，我们可以共同为保护环境、实现可持续发展贡献微薄力量。

二、推动绿色生产与循环经济

随着全球环境问题的日益严峻，推动绿色生产与循环经济已经成为实现可持续发展的必由之路。勤劳节俭美德在其中发挥着不可忽视的作用，下面笔者将从四个方面进行详细分析。

（一）引导企业绿色转型

勤劳节俭美德鼓励企业以更加环保和高效的方式运营，这促进了企业的绿色转型。首先，企业会积极采用节能技术，如太阳能、风能等可再生能源，以减少对传统能源的依赖，从而降低能源消耗和温室气体排放。其次，企业会优化生产流程，减少原材料消耗和废弃物产生，提高资源利用效率。例如，通过改进产品设计，使其更加环保和易于回收；通过引入先进的生产工艺，减少废水、废气和固体废弃物的排放。最后，企业还会加强环境管理，建立完善的环境管理体系，确保生产活动符合环保法规和标准。

勤劳节俭的美德还鼓励企业开展绿色营销，将环保理念融入产品和服务中，满足消费者对绿色产品的需求。这不仅有助于提升企业的品牌形象和市场竞争力，还能推动整个社会向绿色消费发展。

（二）促进循环经济发展

循环经济是一种将资源利用最大化的经济发展模式，勤劳节俭美德在其中扮演着重要角色。首先，循环经济强调资源的再利用和再循环，以减少资源消耗和废弃物排放。勤劳节俭的人们会积极参与到资源回收和再利用的活动中来，如回收废旧物品、参与垃圾分类等，努力为循环经济的发展提供源源不断的资源。

其次，循环经济鼓励企业开展产业协同和资源共享。勤劳节俭的企业会寻求与上下游企业建立紧密的合作关系，共同构建绿色供应链，实现资源的高效利用和循环利用。例如，通过物物交换、能源共享等方式，以期实现资源的优化配置和高效利用。

最后，循环经济还强调技术的创新和应用。勤劳节俭的人们会积极寻求新的环保技术和解决方案，推动循环经济的发展。政府也会加大对循环经济的扶持力度，鼓励企业开展技术创新和研发活动，进而推动循环经济的可持续发展。

（三）加强环境监管与执法

勤劳节俭美德还体现在对环境监管和执法的重视上。政府会加强对企业环境的监管和执法力度，确保企业遵守环保法规和标准。对于违反环保法规的企业，政府会依法对其进行处罚和整治，以维护良好的环境秩序。同时，政府还会加强环境信息公开和公众参与机制建设，鼓励公众参与到环境监管和执法中来，共同维护良好的环境质量。

（四）提升公众环保意识与参与度

勤劳节俭美德的普及有助于提升公众的环保意识和参与度。当每个人都秉持着勤劳节俭的精神时，他们就会更加关注自己的行为对环境的影响，并积极采取措施以便减少负面影响。这种环保意识和责任感能够促使公众从自身做起，从小事做起，共同为保护环境贡献一份力量。

政府和社会组织也会积极开展环保宣传和教育活动，增强公众的环保意识和参与度。例如，通过举办环保讲座、展览等各类活动，向公众普及环保知识和理念；通过开展环保志愿服务、环保公益活动等方式，鼓励公众参与环保行动。这些活动不仅能够提升公众的环保意识和参与度，还能够推动整个社会形成勤劳节俭、绿色环保的良好氛围。

三、培养公众的环保意识与行为

随着环境问题的日益凸显，培养公众的环保意识与行为成为推动环境保护工作的重要一环。勤劳节俭美德在培养公众环保意识与行为方面发挥着不可替代的作用，下面笔者将从四个方面进行详细分析。

（一）教育引导与知识普及

勤劳节俭美德的教育引导是培养公众环保意识与行为的基础。从儿童时期开始，家庭、学校和社会就应共同承担起环保教育的责任。在家庭教育中，父母可以通过日常生活中的点滴行为，如节约用水、用电、垃圾分类等，向孩子传递勤劳节俭和环保的理念。在学校教育中，可以通过环保课程、实践活动等方式，向学生普及环保知识，引导他们树立正确的环保观念。社会教育方面，可以通过媒体、网络等渠道，广泛传播环保知识，提高公众对环保问题的认识和关注度。

此外，政府也应加大对环保教育的投入力度，制定相关政策措施，推动环保教育的普及和深入。例如，可以设立环保教育基金，支持环保教育项目的开展；在公共场所设置环保宣传栏，向公众普及环保知识；加强环保法律法规的宣传和教育，进一步提高公众的环保意识和法律素养。

（二）树立榜样与激励机制

勤劳节俭美德的榜样力量对于培养公众环保意识与行为具有重要意义。通过树立环保榜样，如环保志愿者、环保企业家等，让公众看到环保行动的实际效果和积极影响，从而激发他们参与环保的积极性。同时，建立激励机制，对积极参与环保行动的个人和团体给予表彰和奖励，形成崇尚环保、参与环保的良好氛围。

政府、企业和社会组织都可以成为树立榜样和建立激励机制的主体。政府可以通过设立环保奖项、举办环保活动等各种方式，表彰和奖励在环保领域做出突出贡献的个人和团体；企业则可以通过开展环保公益活动、推广绿色产品等方式，树立企业的环保形象，增强消费者的环保意识；社会组织亦可以通过开展环保宣传、组织环保志愿服务等方式，推动公众参与环保行动。

（三）加强宣传与舆论监督

勤劳节俭美德的宣传与舆论监督对于培养公众环保意识与行为具有重要作用。通过加强环保宣传，让公众了解环保的重要性、紧迫性和可行性，提高他们对环保问题的认识和关注度。同时，加强舆论监督，对破坏环境的行为进行曝光和谴责，形成强大的舆论压力，促使相关方采取有效措施以解决问题。

媒体是环保宣传和舆论监督的重要力量。可以通过新闻报道、专题报道、评论等方式，向公众传递环保信息和观点，引导公众形成正确的环保观念和行为。同时，媒体还可以发挥舆论监督作用，对破坏环境的行为进行曝光和批评，推动相关方采取有效措施解决问题。

（四）创新参与方式与提高参与度

勤劳节俭美德的实践需要公众的广泛参与和持续努力。因此，创新参与方式和提高参与度是培养公众环保意识与行为的重要途径。可以通过开展丰富多彩的环保活动、推广环保技术等方式，吸引公众参与环保行动。同时，建立公众参与机制，让公众能够参与到环保决策、监督和评估等各个环节中来，提高他们的参与感和获得感。

政府、企业和社会组织都可以成为推动公众参与的主体。政府可以通过制定相关政策措施、提供资金支持等方式，鼓励公众参与环保行动；企业可以通过开展环保公益活动、推广绿色产品等方式，吸引消费者参与环保行动；社会组织则可以通过组织环保志愿服务、开展环保宣传等方式，推动公众参与环保行动。通过多方合作和共同努力，以期形成全社会共同参与环保的良好局面。

四、勤劳节俭美德在环保领域的创新实践

勤劳节俭作为一种传统美德，在环保领域中的应用与创新实践正日益成为推动绿色发展的重要力量。下面笔者将从四个方面详细分析勤劳节俭美德

在环保领域的创新实践。

（一）环保科技研发与应用

勤劳节俭美德在环保领域的创新实践中，首先体现在环保科技的研发与应用上。随着科技的不断进步，越来越多的环保技术被开发出来，这些技术不仅提高了资源利用效率，降低了环境污染，而且体现了勤劳节俭的精神。例如，清洁能源技术的研发，如太阳能、风能、地热能等，减少了对传统化石能源的依赖，降低了能源消耗和温室气体排放。同时，这些清洁能源技术的应用，也促进了能源结构的优化和转型。

在环保科技的应用方面，勤劳节俭美德同样发挥了重要作用。通过推广节能家电、节水器具等环保产品，鼓励公众在日常生活中减少能源消耗和水资源浪费。此外，通过智能化管理系统的应用，可以实现对能源、水资源的实时监控和调度，进一步提高了资源利用效率。这些创新实践不仅体现了勤劳节俭的美德，也为环保事业的发展提供了有力支持。

（二）绿色生活方式倡导与实践

勤劳节俭美德在环保领域的创新实践中，还体现在绿色生活方式的倡导与实践上。随着人们环保意识的逐步提高，越来越多的人开始追求绿色生活方式。这种生活方式不仅符合勤劳节俭的精神，而且有助于减少环境污染和资源浪费。

在绿色生活方式的倡导方面，通过各种渠道向公众宣传环保理念、普及环保知识，引导公众树立绿色消费观念、参与绿色出行等。同时，政府、企业和社会组织也应积极推广绿色产品和服务，如绿色出行、绿色旅游、绿色办公等，为公众提供更多绿色选择。

在绿色生活方式的实践方面，公众通过减少一次性用品的使用、推广垃圾分类、参与环保志愿服务等各种方式，积极参与到环保行动中来。这些实践不仅提高了公众的环保意识和参与度，也为环保事业的发展注入了新的活力。

（三）环保教育与文化传承

勤劳节俭美德在环保领域的创新实践中，还体现在环保教育与文化传承上。环保教育是增强公众环保意识、培养环保行为的重要途径。通过加强环保教育，可以使公众更加深入地了解环保问题，认识到环保的重要性，并积极参与到环保行动中来。

在环保教育的实践中，可以通过学校教育、社区教育、网络教育等多种方式，向公众普及环保知识、传授环保技能。同时，结合本地文化特色，开展具有地方特色的环保教育活动，使环保教育与文化传承相结合。这不仅有助于培养公众的环保意识和行为，还能促进本地文化的广泛传承和发展。

（四）政策引导与市场机制创新

勤劳节俭美德在环保领域的创新实践中，还体现在政策引导与市场机制创新上。政府通过制定相关政策措施，引导企业、公众等各方积极参与到环保行动中来。例如，制定节能减排政策、推广绿色信贷政策等措施，鼓励企业加大环保投入、推动绿色产业发展。同时，政府还可以加大对环保产业的扶持力度，提供资金、技术等方面的支持，推动环保产业的快速发展。

在市场机制创新方面，通过引入市场机制、推动绿色金融市场发展等方式，引导资本、技术等资源向环保领域集聚。例如，发展绿色债券、绿色基金等金融产品，为环保项目提供资金支持；推动碳排放权交易等市场机制的建设，促进企业减少温室气体排放。这些创新实践不仅有助于推动环保事业的发展，还能促进经济社会的可持续发展。

第六章　礼貌谦逊美德的现代重塑

第一节　礼貌谦逊美德的传统内涵

一、礼貌谦逊美德的古代定义

礼貌谦逊美德作为中华民族传统文化的重要组成部分，自古以来就受到人们的广泛赞誉和推崇。在古代，礼貌谦逊美德的定义涵盖了多个方面，下面笔者将从四个方面进行详细分析。

（一）言谈举止的规范

在古代，礼貌谦逊美德首先体现在言谈举止的规范上。古人认为，言谈举止是表达内心情感、展现个人修养的重要方式。因此，他们注重在交往中保持礼貌谦逊的态度，习惯遵循一定的言谈举止规范。这包括在交谈中使用敬语、谦辞，避免粗俗无礼的言辞；在行为上注重举止端庄、优雅，不张扬、不傲慢。这些规范不仅体现了对交往对象的尊重，也展现了个人修养和风度。

在古代文献中，我们可以找到大量关于言谈举止规范的论述。《论语》中提到："君子欲讷于言而敏于行。"这句话强调了言谈的谨慎和行为的敏捷，体现了古人对礼貌谦逊美德的追求。同时，《礼记》等经典著作也详细规定了各种场合下的言谈举止规范，为后人提供了宝贵的启示与借鉴。

（二）待人接物的态度

在古代，礼貌谦逊美德还体现在待人接物的态度上。古人认为，与人交往时应以诚待人、以礼待人、以谦逊待人。他们注重在交往中保持真诚、友善的态度，尊重他人的意见和感受，不轻易冒犯他人。同时，他们也懂得在适当的时候表现出谦逊的态度，不炫耀自己的才华和成就，以免给他人带来压力或不适感。

这种待人接物的态度在古代社会中得到了广泛认可。无论是官场还是民间，人们都注重以礼待人、以谦逊待人。这种态度不仅有助于维护社会的和谐稳定，也促进了人与人之间的相互尊重和信任。

（三）内心的修养与品质

在古代，礼貌谦逊美德不仅仅是一种外在的表现，更是一种内心的修养与品质。古人认为，一个人只有内心真正具备了礼貌谦逊的品质，才能在言谈举止上自然而然地展现出来。因此，他们注重通过修身养性的方式来培养自己的礼貌谦逊美德。

在修身养性的过程中，古人注重自我反省和自我提升。他们经常通过自我反思来发现自己的不足之处并努力改正。同时，他们也注重学习他人的优点和长处，以不断提升自己的修养和品质。这种内心的修养与品质是礼貌谦逊美德的核心所在。

（四）社会责任与担当

在古代，礼貌谦逊美德还体现在社会责任与担当上。古人认为，作为社会的一员，每个人都应该承担起自己的社会责任和义务。在与人交往时，他们注重尊重他人的权利和利益，不侵犯他人的合法权益。同时，他们也愿意在他人需要的时候伸出援手，帮助他人解决困难和问题。

这种社会责任与担当在古代社会中得到了广泛体现。无论是官员还是普通百姓，他们都注重履行自己的社会责任和义务。他们通过自己的努力和付出为社会的发展和进步做出了积极贡献。这种精神不仅体现了礼貌谦逊美德的深刻内涵，也彰显了中华民族的传统美德和优秀品质。

二、传统礼仪文化中的礼貌谦逊

在中华传统礼仪文化中，礼貌谦逊不仅是个人的修养体现，更是社会交往的基石。下面笔者将从四个方面详细分析传统礼仪文化中的礼貌谦逊。

（一）礼仪规范中的礼貌谦逊

中国传统礼仪文化中，礼仪规范是礼貌谦逊的重要体现。这些规范涵盖了从日常交往到重大仪式的各个方面，旨在通过规范的行为表达对他人的尊重和谦逊。例如，在称呼上，古人常用尊称、敬语来表达对长辈、上司或贵客的敬意，如"尊""贵""敬"等词汇的频繁使用，都体现了对对方的尊重和自身的谦逊。在行为举止上，古人讲究"坐有坐相，站有站相"，通过端庄的仪态来展现自己的修养和对他人的尊重。这些礼仪规范不仅体现了礼貌谦逊的精神，也塑造了中华民族独特的礼仪文化。

此外，传统礼仪文化还强调"礼尚往来"的原则，即在交往中注重礼物的交换和回赠。这种交换不仅是对对方的一种尊重和感谢，也体现了自身的谦逊和诚意。通过礼物的交换，人们之间建立了深厚的情谊和信任，进一步促进了社会的和谐与稳定。

（二）礼仪教育中的礼貌谦逊

在中华传统文化中，礼仪教育一直被视为培养礼貌谦逊美德的重要途径。从儿童时期开始，父母和老师就注重对孩子进行礼仪教育，让他们学会尊重他人、关心他人、帮助他人。这种教育不仅仅局限于知识的传授，更注重实践的体验。通过参与各种社交场合和实践活动，孩子们逐渐学会了如何与人交往、如何表达自己的意见和感受、如何处理人际关系等。这些实践经验不仅锻炼了孩子们的社交能力，也培养了他们的礼貌谦逊美德。

同时，传统礼仪文化还注重榜样的力量。历史上有很多关于礼貌谦逊的典范人物和故事，如孔子、孟子等儒家先贤的言行举止都体现了礼貌谦逊的精神。这些典范人物和故事被后人传颂和学习，成为激励人们追求礼貌谦逊美德的重要力量。

（三）社交场合中的礼貌谦逊

在中国传统社交场合中，礼貌谦逊更是必不可少的品质。在宴会、庆典等正式场合中，人们注重穿着得体、举止优雅、言谈有礼。他们通过精心准备的礼物、得体的言谈举止来表达对主人的敬意和感谢。同时，在交往中他们也注重尊重他人的意见和感受，不轻易发表过激言论或做出冒犯他人的行为。这种礼貌谦逊的态度不仅赢得了他人的尊重和信任，也促进了社交场合的和谐与融洽。

此外，在传统社交场合中还有一些特殊的礼仪规范需要遵守。例如，在拜访他人时需要注意时间的选择和礼物的准备；在参加宴会时需要遵守座位安排和用餐礼仪等规范。这些规范都体现了礼貌谦逊的精神和对他人的尊重。

（四）现代礼仪文化中的礼貌谦逊

随着时代的变迁和社会的发展，传统礼仪文化也在不断地演变和发展。在现代社会中，虽然一些传统的礼仪规范已经逐渐淡化或消失，但礼貌谦逊的精神依然为广大人民所传承和发扬。在现代礼仪文化中，人们注重在交往中保持真诚、友善的态度，时刻尊重他人的权利和利益，不侵犯他人的合法权益。同时，他们也注重在适当的时候表现出谦逊的态度，不炫耀自己的才华和成就，以免给他人带来压力或不适感。这种现代礼仪文化中的礼貌谦逊不仅体现了对传统美德的传承和发展，也符合现代社会的价值观念和道德规范。

三、经典故事中的礼貌谦逊典范

在中华传统文化中，经典故事是传承礼貌谦逊美德的重要载体。这些故事通过生动的情节和鲜明的人物形象，展现了礼貌谦逊的典范，为后人提供了宝贵的精神财富。下面笔者将从四个方面分析经典故事中的礼貌谦逊典范。

（一）历史名人的礼貌谦逊典范

中国历史上有许多名人，他们的言行举止都体现了礼貌谦逊的美德。例如，孔子作为儒家学派的创始人，他的思想理念中就蕴含着深刻的礼貌谦逊精神。他主张"己所不欲，勿施于人"，强调在人际交往中应尊重他人、关心他人、以礼待人。孔子的言行举止也体现了这种精神，他谦虚谨慎、平易近人，对待学生如同朋友一般，深受人们的尊敬和爱戴。

另外，如汉朝的张良，他作为开国功臣，却从不居功自傲，始终保持着谦逊的态度。他深知自己的才能有限，因此，在辅佐刘邦时总是尽心尽力，虚心听取他人的意见，最终帮助刘邦建立了汉朝。张良的礼貌谦逊赢得了众人的尊重，也为后人树立了典范。

（二）古代故事中的礼貌谦逊典范

除了历史名人外，古代故事中也有许多体现礼貌谦逊美德的典范。例如，《三字经》中的"融四岁，能让梨"的故事，讲述了孔融在四岁时就懂得谦让的道理，将大的梨子让给哥哥吃，自己却吃小的。这个故事虽然简单，却生动地展现了礼貌谦逊的精神，成为后人传颂的佳话。

此外，《史记》中的"廉颇蔺相如列传"也讲述了一个体现礼貌谦逊精神的故事。蔺相如作为赵国的使者，在面对强大的秦国时，凭借自己的智慧和勇气，成功地为赵国争取到了利益。然而，在回国后，他却谦虚地表示自己的功劳微不足道，将功劳归功于赵王和全体赵国人民。这种谦逊的态度赢得了赵王的赞赏和信任，也为赵国赢得了更多的尊重和支持。

（三）民间传说中的礼貌谦逊典范

在民间传说中，也有很多关于礼貌谦逊的故事。这些故事以民间英雄或普通人为主角，通过他们的事迹来弘扬礼貌谦逊的美德。例如，关于"程门立雪"的故事，讲述了杨时为了求学而冒着大雪在程颐门前等待的故事。他的礼貌谦逊和求学精神感动了程颐，最终得以拜入其门下学习。这个故事不仅展现了杨时的礼貌谦逊精神，也体现了古人对学问的尊重和追求。

另外，还有一些关于普通人在日常生活中体现礼貌谦逊精神的故事。这些故事虽然平凡，但充满了生活的智慧和哲理。这些故事告诉人们，礼貌谦逊不仅是一种美德，更是一种生活态度。只有保持礼貌谦逊的精神，才能在人际交往中赢得他人的尊重和信任。

（四）现代故事中的礼貌谦逊典范

在现代社会中，虽然社会环境和价值观念发生了很大的变化，但礼貌谦逊的美德依然为广大人民所传承和发扬。在现代故事中，我们也可以找到许多体现礼貌谦逊精神的典范。这些故事以现代人为主角，通过他们的事迹来传颂礼貌谦逊的美德。这些现代故事不仅让人们感受到礼貌谦逊的力量和价值，也激发了人们追求礼貌谦逊精神的热情和动力。这些典范人物的行为举止为我们树立了榜样，引导我们在现代社会中依然保持礼貌谦逊的精神。

四、传统礼貌谦逊美德的现代价值

传统礼貌谦逊美德作为中华民族文化的瑰宝，不仅承载着深厚的历史底蕴，更在现代社会中展现出其独特的价值。下面笔者将从四个方面详细分析传统礼貌谦逊美德的现代价值。

（一）促进人际关系和谐

在现代社会中，随着科技的飞速发展和生活节奏的加快，人们之间的交往日益频繁和复杂。在这样的背景下，传统礼貌谦逊美德的价值越发凸显。通过保持礼貌谦逊的态度，人们能够在交往中更好地尊重他人、关心他人，以便建立起和谐的人际关系。在工作和生活中，礼貌谦逊的人更容易获得他人的信任和支持，从而在团队合作中取得更好的成绩。同时，礼貌谦逊也有助于化解矛盾和冲突，促进社会的和谐稳定。

（二）提升个人修养和品质

传统礼貌谦逊美德强调内心的修养和品质，认为只有内心真正具备了礼貌谦逊的品质，才能在言谈举止上自然而然地展现出来。在现代社会中，这种品质对于个人修养和品质的提升具有重要意义。通过学习和传承传统礼貌谦逊美德，人们可以不断提升自己的道德修养和人格魅力，成为更加优秀、更加有魅力的人。这种品质的提升不仅有助于个人在职业生涯中获得成功，也有助于个人在生活中收获幸福和满足。

（三）塑造积极健康的社会风气

传统礼貌谦逊美德在现代社会中的传承和发扬，有助于塑造积极健康的社会风气。通过学习和实践礼貌谦逊的美德，人们可以逐渐形成一种尊重他人、关心他人、帮助他人的良好风尚。这种风尚的形成不仅有助于提升社会的道德水平，也有助于增强社会的凝聚力和向心力。在一个充满礼貌谦逊美德的社会中，人们更容易相互理解、相互支持，共同推动社会的进步和发展。

（四）推动国际交流与合作

传统礼貌谦逊美德在国际交往中同样具有重要价值。通过保持礼貌谦逊的态度，中国人在国际舞台上能够更好地展现出自己的文化素养和道德风范，赢得他国人民的尊重和信任。同时，礼貌谦逊也有助于增进不同文化之间的理解和交流，促进国际的友好合作。在全球化的大背景下，传统礼貌谦逊美德的传承和发扬不仅有助于提升中国的国际形象，也有助于推动世界的和平与发展。

综上所述，传统礼貌谦逊美德在现代社会中具有多方面的价值。通过传承和发扬这一美德，我们可以促进人际关系的和谐、提升个人修养和品质、塑造积极健康的社会风气以及推动国际交流与合作。因此，我们应该珍视并传承这一宝贵的精神财富，让它在现代社会中继续闪耀光芒。

第二节　现代礼貌谦逊的表现方式

一、现代社交场合的礼貌用语

在现代社交场合中，礼貌用语是展现个人礼貌谦逊品质的重要方式。通过恰当、得体的语言表达，人们能够传递出对他人的尊重、关心和友善，从而营造和谐融洽的社交氛围。下面笔者将从四个方面对现代社交场合的礼貌用语进行分析。

（一）称呼与问候

在社交场合中，称呼与问候是交往的起点。使用恰当的称呼能够体现对对方的尊重和亲近感，而亲切的问候则能拉近彼此的距离。例如，在称呼对方时，可以根据对方的年龄、性别、职位等因素选择合适的称呼，如"先生""女士""老师""领导"等。同时，在问候时，可以运用一些温馨、亲切的词语，如"您好""早上好""晚上好"等，以表达自己的关心和尊重。这些礼貌用语不仅能够让对方感受到温暖和舒适，还能够增强彼此的亲近感和信任感。

（二）表达感谢与道歉

在社交场合中，表达感谢与道歉是展现礼貌谦逊品质的重要方式。当他人给予自己帮助或关心时，我们应该及时表达感激之情，以回馈对方的善意。例如，在收到礼物或帮助时，可以真诚地说一声"谢谢"，或者写一封感谢信来表达自己的感激之情。同时，在不小心冒犯或给他人带来不便时，我们应该及时道歉，以表达自己的歉意和诚意。例如，在不小心撞到他人或说错话时，可以立即道歉并解释原因，以减轻对方的负面情绪。适当使用这些礼貌用语能够化解尴尬和矛盾，增进彼此的理解和友谊。

（三）尊重与理解

在社交场合中，尊重与理解是建立良好人际关系的基础。通过礼貌用语来表达对他人的尊重和理解，能够增进彼此的信任和亲近感。例如，在交流时，我们可以认真倾听对方的观点和意见，不打断对方的发言，不轻易否定对方的看法。同时，在表达自己的观点时，我们可以使用委婉、谦逊的语言，避免过于直接或冒犯他人。这些礼貌用语能够体现对他人的尊重和关心，让对方感受到自己的真诚和友善。此外，在交往中，我们还应该尊重他人的隐私和权利，不可随意打听或评论他人的私事，以维护彼此的尊严和信任。

（四）赞美与鼓励

在社交场合中，赞美与鼓励是传递正能量、增进友谊的重要方式。通过礼貌用语表达对他人的赞美和鼓励，能够激发对方的自信心和积极性，促进彼此的成长和进步。例如，在对方取得成就或进步时，我们可以真诚地表达对其的赞美之情，如"你真棒""你的努力值得肯定"等。同时，在对方遇到困难或挫折时，我们可以给予鼓励和支持，如"别灰心""我相信你一定能够克服困难"等。这些礼貌用语能够传递出积极向上的信息，让对方感受到自己的关心和支持。此外，在赞美和鼓励时，我们还应该注意方式和度，避免过于夸张或虚假，应保持真诚和可信。

综上所述，现代社交场合的礼貌用语是展现个人礼貌谦逊品质的重要方式。通过恰当、得体的语言表达，我们能够传递出对他人的尊重、关心和友善，营造和谐融洽的社交氛围。因此，在日常生活中，我们应该注重学习和运用礼貌用语，以提升自己的社交能力和人际关系质量。

二、网络交流中的礼貌谦逊表达

随着互联网的广泛普及和快速发展，网络交流已成为现代人生活的重要组成部分。在网络环境中，人们通过文字、表情符号、图片等多种方式进行交流。在这种虚拟的社交空间中，礼貌谦逊的表达方式同样重要，它不仅能够促进有效的沟通，还能维护网络环境的和谐与友善。下面笔者将从四个方面对网络交流中的礼貌谦逊表达进行分析。

（一）尊重与理解的网络表达

在网络交流中，尊重与理解是建立良好沟通关系的基础。首先，尊重他人的观点和意见是礼貌谦逊的重要体现。在表达自己的看法时，我们应尽量避免使用攻击性、贬低性的语言，而应采用平和、理性的语气，尊重对方的观点和感受。其次，我们也需要学会倾听他人的意见，不轻易打断对方的发言，给予对方足够的表达空间。这种尊重与理解的网络表达有助于增进彼此之间的信任和理解，促进有效的沟通。

最后，尊重他人的隐私和权利也是网络交流中的重要原则。在网络上，我们应该避免过度窥探他人的私人信息，不随意传播他人的隐私。同时，在发表言论时，我们也应该注意避免侵犯他人的名誉权、肖像权等合法权益。这种尊重他人隐私和权利的网络表达有助于维护网络环境的和谐与稳定。

（二）友善与包容的网络表达

友善与包容是网络交流中展现礼貌谦逊品质的重要方面。首先，友善的语言能够传递出积极的情绪，让对方感受到我们的关心和温暖。在交流中，我们可以使用亲切、友好的语气，避免使用冷漠、嘲讽的语言。同时，也可以通过积极的互动和反馈来增强对方的自信心和积极性。例如，在对方发表观点时，我们可以给予积极的回应和点赞，以表达对对方的认可和支持。

其次，包容也是网络交流中的重要品质。在网络环境中，人们的观点和表达方式可能存在差异和分歧。我们应该学会尊重这些差异和分歧，以包容的心态对待他人的不同意见。在交流中，我们可以尝试理解对方的观点和立场，寻找共同点，以达成共识。这种包容的网络表达有助于减少冲突和矛盾，促进网络环境的和谐与稳定。

（三）准确与清晰的网络表达

在网络交流中，准确与清晰的表达是传递信息、促进沟通的关键。一方面，我们应该确保自己的表达准确无误，避免使用模糊、含糊不清的语言。在发表言论时，我们应该仔细思考自己的措辞和表达方式，确保信息能够准确地传达给对方。同时，我们也需要注意语法、拼写等语言细节的错误，避免因为这些小错误而影响沟通效果。

另一方面，清晰的表达也有助于促进网络交流的顺利进行。我们应该尽量使用简洁明了的语言，避免冗长、复杂的句子结构。在表达观点时，我们可以采用分段、列点等方式将信息清晰地呈现出来，以便对方能够快速理解和接受。这种清晰的网络表达有助于提高沟通效率和质量。

（四）适度与恰当的网络表达

适度与恰当是网络交流中展现礼貌谦逊品质的重要方面。一方面，我们应该注意控制自己的情绪和语气，避免在网络上发表过于激烈或冲动的言论。在交流中，我们应该保持冷静和理性，以平和的心态对待他人的不同意见和批评。同时，我们也需要避免使用过于夸张或虚假的语言来夸大自己的成就或贬低他人。这种适度的网络表达有助于维护网络环境的真实性和可信度。

另一方面，恰当的表达方式也是网络交流中的重要因素。我们应该根据交流对象和场合的不同选择合适的表达方式。例如，在正式场合中，我们应该使用正式、规范的语言来表达自己的观点；而在非正式场合中，我们可以适当运用一些轻松幽默的语言来活跃气氛。这种恰当的网络表达有助于增进彼此之间的亲近感和友谊。

三、公共场合的礼貌谦逊行为

在公共场合下，礼貌谦逊的行为不仅能够展现个人的良好素养，还能够营造和谐的社会氛围。下面笔者将从四个方面对公共场合的礼貌谦逊行为进行详细分析。

（一）尊重他人与不随意侵犯他人的私人空间

在公共场合，尊重他人与不随意侵犯他人的私人空间是礼貌谦逊行为的核心。首先，我们应该尊重他人的存在和权利，不随意侵犯他人的私人空间。例如，在公共场所排队时，我们应保持适当的距离，避免紧贴他人；在乘坐公共交通工具时，我们应主动让座给有需要的人，如老人、孕妇和残疾人等。这些行为体现了对他人的关心和尊重，有助于构建和谐的社交环境。

此外，尊重他人的隐私也是公共场合礼貌谦逊行为的重要体现。我们应避免在公共场合大声谈论他人的私人事务，不随意窥探他人的隐私。在使用手机或相机时，我们应尊重他人的肖像权，不随意拍摄或传播他人的照片和视频。这些行为有助于维护个人的尊严和权益，促进社会的公平正义。

（二）注意言行举止

在公共场合，我们的言行举止直接反映了我们的素养和品质。一方面，我们应该使用文明用语，避免使用粗俗、不雅的语言。在与他人交流时，我们应保持平和、友善的语气，不轻易发脾气或争吵。另一方面，我们应该注意自己的行为举止，避免做出不雅或冒犯他人的动作。例如，在公共场所不应随地吐痰、乱扔垃圾或吸烟；在参加活动时，我们应遵守规则，不随意插队或扰乱秩序。这些行为举止的注意有助于展现我们的礼貌谦逊品质，树立良好的个人形象。

（三）关注公共秩序与安全

在公共场合，关注公共秩序与安全是礼貌谦逊行为的重要方面。一方面，我们应遵守公共场所的规章制度，不随意违反规定。例如，在图书馆应保持安静，不大声喧哗；在博物馆应尊重文物，不随意触摸或拍照。另一方面，我们应关注公共安全，不参与或传播危害公共安全的行为。例如，在火灾等紧急情况下，我们应保持冷静，按照指示有序撤离；在发现可疑人员或物品时，我们应及时向相关部门报告。这些行为有助于维护公共秩序与安全，保障人们的生命财产安全。

（四）积极参与公益活动

在公共场合，积极参与公益活动是展现礼貌谦逊品质的重要途径。通过参与公益活动，我们可以为社会做出积极贡献，传递正能量。例如，在环保活动中，我们可以积极宣传环保理念，参与垃圾分类和清洁工作；在志愿服务中，我们可以为弱势群体提供帮助和支持，传递关爱和温暖。这些行为不仅体现了我们的礼貌谦逊品质，还展现了我们的社会责任感和爱心。通过积极参与公益活动，我们可以促进社会的和谐与进步，共同构建美好的社会家园。

综上所述，公共场合的礼貌谦逊行为是展现个人素养和品质的重要方式。通过尊重他人与不随意侵犯他人的私人空间、注意言谈举止、关注公共秩序与安全以及积极参与公益活动等各方面的努力，我们可以共同营造一个和谐、文明、有序的社会环境。

四、礼貌谦逊与职业形象的塑造

在职业领域，礼貌谦逊不仅是个人品质的体现，更是塑造良好职业形象的关键因素。一个礼貌谦逊的职业人士往往能够获得上司、同事和客户的尊重与信任，进而在职场中取得成功。下面笔者将从四个方面对礼貌谦逊与职业形象的塑造进行分析。

（一）礼貌谦逊的沟通方式

在职场中，沟通是不可或缺的一环。礼貌谦逊的沟通方式能够让我们与他人建立良好的关系，促进信息的有效传递。首先，我们应该使用礼貌用语，如"请""谢谢""对不起"等，来表达自己的请求、感谢和歉意。这些简单的礼貌用语能够传递出我们的尊重和关心，使对方感受到舒适和愉悦。其次，我们应该注意倾听他人的意见和看法，给予积极的反馈和回应。通过倾听和回应，我们能够增进彼此之间的理解和信任，进一步建立起良好的合作关系。

此外，礼貌谦逊的沟通方式还包括避免冲突和争吵。在职场中，难免会遇到一些意见不合或矛盾冲突的情况。在这种情况下，我们应该保持冷静和理性，用平和的语气和态度来表达自己的观点和看法。同时，我们也应该尊重他人的意见和选择，寻求双方都能接受的解决方案。通过礼貌谦逊的沟通方式，我们能够化解矛盾、减少冲突，维护良好的职场氛围。

（二）谦逊的学习态度

在职场中，持续学习和进步是塑造良好职业形象的重要方面。一个具有谦逊学习态度的职业人士能够不断吸收新知识、掌握新技能，不断提高自己的综合素质。首先，我们应该保持开放的心态，愿意接受新的观点和思想。在职场中，我们会遇到各种各样的人和事，他们的观点和看法可能与我们不同。但是，我们应该尊重他人的观点和思想，并从中汲取营养和启示。其次，我们应该积极寻求学习机会和资源。通过参加培训、阅读书籍、参与项目等方式，我们能够不断提升自己的专业知识和技能水平。同时，我们也应该向身边的同事和领导学习，借鉴他们的经验和智慧。通过谦逊的学习态度，我们能够不断提高自己的综合素质和能力水平，从而塑造出更加优秀的职业形象。

（三）尊重他人的贡献与成就

在职场中，尊重他人的贡献与成就是礼貌谦逊的重要体现。一个懂得尊重他人的职业人士能够很快获得同事和上司的认可和支持，进而在职场中取得更好的成绩。首先，我们应该认识到每个人的贡献都是不可或缺的。在职场中，每个人都有自己的职责和任务，他们的努力和付出共同推动了团队和公司的发展。因此，我们应该尊重他人的贡献和付出，给予他们应有的荣誉和奖励。其次，我们应该学会赞美和鼓励他人。当同事或下属取得成绩或进步时，我们应该及时表达赞美和鼓励之情，让他们感受到自己的价值和重要性。通过尊重他人的贡献与成就，我们能够建立起积极向上的团队氛围和文化氛围，有利于促进整个团队和公司的发展。

（四）诚信正直的职业操守

诚信正直是塑造良好职业形象的重要基石。一个具有诚信正直职业操守的职业人能够获得同事、上司和客户的信任和尊重，进而在职场中取得成功。首先，我们应该遵守职业道德规范和行为准则，不做违法乱纪、损害公司利益的事情。同时，我们也应该保守公司的商业机密和客户的隐私信息，不泄露给外部人员或竞争对手。其次，我们应该坦诚面对自己的错误和不足，勇于承担责任和改正错误。当我们在工作中出现失误或错误时，我们应该及时向上级或同事报告并努力寻求解决方案，而不是掩盖或逃避责任。通过诚信正直的职业操守，我们能够建立起良好的职业声誉和信誉度，为个人的职业发展打下坚实的基础。

第三节　礼貌谦逊美德在人际交往中的重要性

一、建立良好人际关系的基石

在人际交往中，礼貌谦逊的美德是构建良好人际关系不可或缺的基石。它不仅能够增进人与人之间的理解与信任，还能促进情感的交流与深化。下面笔者将从四个方面详细分析礼貌谦逊在建立良好人际关系中的重要性。

（一）展现尊重与平等

礼貌谦逊是展现对他人尊重与平等态度的最直接方式。在人际交往中，我们可以通过使用礼貌用语、保持微笑、注意倾听等行为，向对方传达出我们对其的尊重与重视。这种尊重不仅仅是对他人身份的认可，更是对其人格和价值的肯定。在平等的基础上进行交流，能够打破身份、地位等障碍，让彼此感受到被接纳和尊重。这种基于尊重与平等的人际关系，能够增进双方的信任感，为深入交往打下坚实基础。

（二）促进有效沟通

礼貌谦逊的沟通方式能够促进信息的有效传递和理解。在交流中，我们可以通过使用恰当的语言、避免冲突和争吵、尊重对方的观点等方式，营造出一种和谐、融洽的沟通氛围。这种氛围能够减少误解和隔阂，让双方更容易达成共识和解决问题。同时，礼貌谦逊的沟通方式还能够激发对方的积极性和参与感，促进双方的深入交流和合作。

（三）增强个人魅力

一个具有礼貌谦逊品质的人，在人际交往中往往更具魅力。这种魅力不仅仅源于外表和言谈举止，更源于其内在的品质和修养。礼貌谦逊的人能够给人以温暖、舒适的感觉，让人愿意与其进行交往和合作。同时，他们还能够展现出自己的自信、智慧和风度，赢得他人的尊重和赞赏。这种个人魅力不仅能够提升个人的社交能力，还能够为个人职业发展带来更多机遇和优势。

（四）维护和谐稳定的社会环境

礼貌谦逊的美德对于维护和谐稳定的社会环境具有重要意义。在人际交往中，如果我们都能以礼貌谦逊的态度对待他人，就能减少冲突和矛盾的发生，进而促进社会和谐与稳定。同时，礼貌谦逊还能够传递出正能量和积极价值观，影响周围的人形成积极向上的社会氛围。这种氛围有助于提升整个社会的文明程度和道德水平，为国家的繁荣和发展提供有力支撑。

综上所述，礼貌谦逊在人际交往中具有重要意义。它不仅能够展现尊重与平等、促进有效沟通、增强个人魅力，还能够维护和谐稳定的社会环境。因此，我们应该注重培养自己的礼貌谦逊品质，在人际交往中积极践行这一美德，为构建良好的人际关系和社会环境贡献自己的力量。

二、促进有效沟通与理解的桥梁

在人际交往中，礼貌谦逊不仅是建立良好关系的基石，更是促进有效沟通与理解的桥梁。通过展现尊重、倾听、开放心态以及清晰表达等四个方面的品质，我们可以实现更深入、更顺畅的交流，从而增进彼此的理解与信任。

（一）展现尊重

尊重是有效沟通的前提。在交流中，礼貌谦逊的人总是能够展现出对他人的尊重。他们使用恰当的称呼、避免冒犯性的语言以及给予对方足够的关注和尊重。这种尊重不仅体现在言语上，更体现在行为举止上。例如，在对话中保持眼神交流、适时点头回应，都是尊重对方的表现。通过展现尊重，我们可以让对方感受到被重视和被理解，从而更愿意与我们进行深入交流。

（二）倾听

倾听是理解他人、获取信息的关键。在人际交往中，礼貌谦逊的人更懂得倾听的重要性。他们不仅用耳朵听，更用心去听。在倾听时，他们保持专注、不打断对方、不急于表达自己的观点。通过倾听，我们能够更好地理解对方的想法、感受和需求，从而做出更准确的回应。同时，倾听也是一种表达尊重的方式，可以让对方感受到我们的关注和理解。

（三）开放心态

开放心态是接受新思想、新观点的基础。在人际交往中，我们难免遇到与自己观点不同的人。此时，礼貌谦逊的人能够保持开放的心态，尊重对方的观点，并尝试从对方的角度去理解问题。这种开放心态有助于我们打破思维定式、拓宽视野，从而更全面地认识问题、解决问题。同时，开放心态也能够促进我们与他人的深入交流，增进彼此的理解和信任。

（四）清晰表达

清晰表达是有效沟通的关键环节。在交流中，礼貌谦逊的人能够清晰、准确地表达自己的观点、想法和需求。他们使用简洁明了的语言、避免模糊不清的表述，以确保对方能够准确理解自己的意思。同时，他们也会注意语气和语调的运用，让自己的表达更具亲和力和说服力。通过清晰表达，我们能够更好地传达自己的信息、减少误解和歧义，从而实现更有效的沟通。

从以上四个方面来看，礼貌谦逊在促进有效沟通与理解中发挥着重要作用。它不仅能够展现尊重、促进倾听、保持开放心态，还能够实现清晰表达。这些品质共同构成了有效沟通的桥梁，让我们在人际交往中更加顺畅、更加深入地交流。同时，这些品质也是我们在日常生活中应该不断培养和践行的。通过不断提高自己的礼貌谦逊水平，我们可以更好地与他人相处，建立更紧密的人际关系，并在工作和生活中取得更多的成功和满足。

三、展现个人修养与魅力的途径：礼貌谦逊

在人际交往中，个人的修养与魅力往往成为吸引他人、建立良好关系的重要因素。礼貌谦逊作为一种美德，不仅体现了对他人的尊重与关心，更是

展现个人修养与魅力的有效途径。下面笔者将从四个方面详细分析礼貌谦逊如何成为展现个人修养与魅力的途径。

（一）塑造优雅气质

礼貌谦逊的人往往具备一种优雅的气质，这种气质源于他们内心的平和与从容。在人际交往中，他们不会过于张扬或傲慢，而是始终保持谦逊、礼貌的态度。他们懂得如何恰当地表达自己，不会过分炫耀或自我吹嘘，而是通过真诚的交流和微笑，让人感到舒适和愉悦。这种优雅的气质能够给人留下深刻的印象，成为展现个人修养与魅力的重要标志。

具体而言，礼貌谦逊的人在与他人交往时，会更加注重细节和礼仪。他们会遵守社会规范和道德规范，尊重他人的感受和需求。在公共场合，他们会注意自己的言行举止，避免给他人带来不便或困扰。这种对细节的关注和尊重，不仅体现了他们的修养和素质，也让他们在人际交往中更加得心应手、游刃有余。

（二）提升人格魅力

人格魅力是指一个人在性格、品质、道德等方面所展现出来的吸引力。礼貌谦逊的人往往具备高尚的人格魅力，这种魅力源于他们内心的善良、真诚和宽容。他们懂得如何关心他人、理解他人，并在他人需要帮助时伸出援手。这种真诚和善良能够感染他人，赢得他人的信任和尊重。

此外，礼貌谦逊的人还具备宽容和包容的心态。他们能够理解他人的不同观点和想法，并尊重他人的选择和决定。在面对冲突和矛盾时，他们能够保持冷静和理性，努力寻求双方都能接受的解决方案。这种宽容和包容的心态不仅有助于化解矛盾、维护和谐的人际关系，还能够提升他们的人格魅力，让他们成为更加受欢迎和受尊敬的人。

（三）增强社交能力

在人际交往中，社交能力是一项非常重要的能力。礼貌谦逊的人往往具备较强的社交能力，他们能够轻松地与他人建立联系、获得沟通交流。他们的谦逊和礼貌让他们更容易获得他人的信任和好感，从而建立起良好的人际关系。

具体而言，礼貌谦逊的人在社交场合中能够主动与他人交流、分享自己的经验和见解。他们能够关注他人的需求和感受，并提供帮助和支持。同时，他们也能够耐心倾听他人的意见和建议，不断完善自己、提升自己。这种积极的社交态度和行为能够让他们在人际交往中更加得心应手、游刃有余。

（四）传递正能量与积极价值观

礼貌谦逊的人往往具备积极向上的心态和价值观。他们懂得如何积极面对生活中的挑战和困难，保持乐观和坚韧的态度。同时，他们也愿意将正能量和积极价值观传递给周围的人，让他们感受到生活的美好和希望。

具体而言，礼貌谦逊的人在与他人交往时，会传递出尊重、理解、宽容等积极价值观。他们真正懂得如何尊重他人的感受和需求，理解他人的难处和困境，并愿意提供帮助和支持。这种积极价值观的传递不仅能够增进彼此的理解和信任，还能够促进社会的和谐与稳定。同时，这种积极价值观的传递也能够激发人们的正能量和积极心态，让他们更加勇敢地面对生活中的各种挑战和困难。

四、营造和谐社会氛围的助力：礼貌谦逊

在构建和谐社会的进程中，礼貌谦逊的美德发挥着不可或缺的助力作用。它通过促进人与人之间的和谐共处、增强社会凝聚力、塑造积极向上的社会风气以及推动社会文明进步等各种方式，为营造和谐社会氛围贡献了重要力量。下面笔者将从四个方面详细分析礼貌谦逊是如何成为营造和谐社会氛围的助力。

（一）促进人与人之间的和谐共处

在人际交往中，礼貌谦逊的美德能够促进人与人之间的和谐共处。它让人们学会尊重他人、关心他人，有利于减少冲突和矛盾的发生。当每个人都能够以礼貌谦逊的态度对待他人时，社会中的紧张氛围将得到有效缓解，人们之间的关系将变得更加融洽。这种和谐共处的氛围有助于提升社会的凝聚力和向心力，为社会的稳定发展奠定坚实基础。

具体而言，礼貌谦逊的人在与他人交往时，会注重言语的文明和行为的

得体。他们使用礼貌用语，极力避免冒犯他人，并尊重他人的观点和感受。这种尊重和关心能够增进彼此的理解和信任，减少误解和偏见。同时，礼貌谦逊的人还懂得在冲突和矛盾面前保持冷静和理性，寻求双方都能接受的解决方案。这种解决问题的能力有助于化解矛盾、维护和谐的人际关系。

（二）增强社会凝聚力

礼貌谦逊的美德能够增强社会的凝聚力。在一个充满尊重和关爱的社会环境中，人们更容易形成共同的价值观念和目标追求。这种共同的价值观念和目标追求能够将人们紧密地团结在一起，从而形成强大的社会合力。当每个人都能够以礼貌谦逊的态度对待他人时，社会中的正能量将得到充分传递和放大，从而形成积极向上的社会氛围。

具体而言，礼貌谦逊的人懂得关注社会公共利益和他人福祉。他们愿意为社会做出贡献、为他人提供帮助。这种奉献精神和责任意识能够激发人们的集体荣誉感和归属感，进一步增强社会的凝聚力和向心力。同时，礼貌谦逊的人还懂得尊重他人的劳动成果和创造精神，为社会的创新和发展提供有力支持。

（三）塑造积极向上的社会风气

礼貌谦逊的美德能够塑造积极向上的社会风气。在一个充满尊重和关爱的社会环境中，人们更容易形成积极向上的心态和行为习惯。这种积极向上的心态和行为习惯能够激发人们的创造力和创新精神，推动社会不断进步和发展。当每个人都能够以礼貌谦逊的态度对待他人时，社会中的正能量将得到充分传递和放大，从而形成积极向上的社会氛围。

具体而言，礼貌谦逊的人具备乐观、积极的心态和宽容、包容的胸怀。他们能够在面对困难和挑战时仍然保持冷静和理性，寻求解决问题的方法和途径。同时，他们还能够欣赏他人的优点和长处，鼓励他人进步和发展。这种积极向上的心态和行为习惯能够感染他人、影响他人，形成积极向上的社会风气。

（四）推动社会文明进步

礼貌谦逊的美德能够推动社会文明加速进步。在一个充满尊重和关爱的社会环境中，人们更加注重个人修养和道德素质的提升。这种对个人修养和道德素质的重视能够推动社会的文明进步和发展。当每个人都能够以礼貌谦逊的态度对待他人时，社会的道德风尚将得到进一步提升和弘扬，从而形成更加文明、和谐的社会环境。

具体而言，礼貌谦逊的人注重个人修养和道德素质的提升。他们懂得如何正确处理人际关系、如何维护社会公共利益和他人福祉。同时，他们还具备强烈的道德责任感和使命感，愿意为社会的文明进步和发展贡献自己的力量。这种对个人修养和道德素质的重视能够推动社会文明进步和发展，形成更加文明、和谐的社会环境。

第四节　礼貌谦逊美德的教育策略

一、家庭教育中的礼貌谦逊培养

在培养礼貌谦逊这一美德的过程中，家庭教育起着至关重要的作用。家庭是孩子最早接触社会的场所，也是他们形成行为习惯和价值观的重要环境。因此，从家庭教育开始培养礼貌谦逊的美德，对于孩子的成长和发展具有重要意义。下面笔者将从四个方面分析家庭教育中的礼貌谦逊培养。

（一）树立榜样，言传身教

在家庭中，父母是孩子最重要的榜样。父母的言谈举止、待人接物的态度都会对孩子产生深远的影响。因此，父母应该以身作则，展现出礼貌谦逊的品质。在日常生活中，父母应该使用礼貌用语，时时尊重他人、关心他人，让孩子在耳濡目染中学习到礼貌谦逊的行为准则。同时，父母还应该经常与孩子进行交流，向他们解释礼貌谦逊的重要性，引导他们理解并接受这一美德。

此外，父母还应该注意自己的言行举止是否符合社会规范和道德规范。例如，在公共场合，父母应该遵守交通规则、不随地吐痰、不乱扔垃圾等，为孩子树立一个好榜样。同时，父母还应该尊重他人的隐私和权利，避免在孩子面前谈论他人的隐私或发表不当言论。

（二）创设良好的家庭氛围

家庭氛围对于孩子的成长和发展具有重要且深远的影响。一个充满爱、尊重和理解的家庭氛围有助于孩子形成积极向上的心态和行为习惯。因此，在家庭中培养孩子礼貌谦逊的美德时，父母应该创设一个良好的家庭氛围。

一方面，父母应该尊重孩子的个性和兴趣爱好，鼓励他们表达自己的想法和意见。同时，父母还应该给予孩子足够的关注和支持，让他们感受到家庭的温暖和关爱。这种关爱和支持能够增强孩子的自信心和自尊心，促进他们形成积极向上的心态。

另一方面，父母还应该鼓励孩子参与家庭事务，培养他们的责任感和独立能力。在家庭事务中，父母可以引导孩子学习如何与他人合作、如何解决问题等技能，让他们在实践中锻炼自己的礼貌谦逊品质。

（三）注重日常教育和实践

礼貌谦逊的美德需要在日常生活中不断实践和巩固。因此，在家庭教育中培养礼貌谦逊美德时，父母应该注重日常教育和实践。

一方面，父母可以在日常生活中引导孩子学习礼貌用语和社交礼仪。例如，在餐桌上，父母可以教孩子如何正确使用餐具、如何与长辈沟通交流等；在公共场合，父母可以教孩子如何排队、如何遵守交通规则等。这些日常教育和实践能够让孩子在实践中学习到礼貌谦逊的行为准则。

另一方面，父母还可以组织一些社会实践活动，让孩子在实践中锻炼自己的礼貌谦逊品质。例如，父母可以带孩子参加一些志愿服务活动或社区活动，让孩子在实践中学习如何关心他人、如何与他人合作等技能。这些实践活动不仅能够培养孩子的礼貌谦逊品质，还能够增强他们的社会责任感和使命感。

（四）及时纠正不良行为

在孩子的成长过程中，难免会出现一些不良行为或习惯。对于这些不良行为或习惯，父母应该及时纠正并引导孩子改正。

首先，父母应该保持耐心和理性，避免使用暴力或严厉的语言来纠正孩子的行为。父母应该通过耐心的引导和解释，让孩子认识到自己的错误并主动改正。

其次，父母应该根据孩子的年龄和性格特点来制定合适的纠正策略。例如，对于年龄较小的孩子，父母可以通过讲故事、做游戏等方式来引导他们理解礼貌谦逊的重要性；而对于年龄较大的孩子，父母则可以通过与他们进行深入的交流来引导他们认识到自己的错误并主动改正。

通过以上四个方面的家庭教育策略，父母可以有效地培养孩子的礼貌谦逊品质，为他们的成长和发展奠定坚实基础。

二、学校教育中的礼仪课程与实践

在学校教育中，礼仪课程与实践是培养学生礼貌谦逊美德的重要途径。通过系统的课程设置和丰富的实践活动，学校可以为学生提供一个全面、系统的学习平台，帮助他们形成正确的价值观和良好的行为习惯。下面笔者将从四个方面分析学校教育中的礼仪课程与实践。

（一）课程设置与教材选择

学校应当在课程设置中明确纳入礼仪课程，使其成为学生必修的课程内容。礼仪课程应当注重理论与实践相结合，既要传授基本的礼仪知识，又要引导学生进行实践操作。在教材选择上，应当注重教材的权威性和实用性，合理选择具有权威性和广泛认可的教材，确保学生能够学到正确、规范的礼仪知识。

在课程设置上，学校可以根据学生的年龄特点和认知水平，将礼仪课程分为不同的阶段进行教学。例如，在小学阶段，可以注重培养学生的基本礼仪习惯，如礼貌用语、仪容仪表等；在初中阶段，可以进一步加深学生的礼仪理解，学习更加复杂的社交礼仪和职场礼仪；在高中阶段，则可以引导学生将礼仪知识应用于实际生活，提高他们的综合素质。

（二）教师培训与教学方法

教师在礼仪课程教学中起着至关重要的作用。因此，学校应当加强对教师的培训，以提高他们的专业素养和教学能力。教师可以通过参加专业培训、阅读相关书籍等方式，不断更新自己的知识储备和教学理念，确保能够为学生提供高质量的教学服务。

在教学方法上，教师应当注重启发式教学和互动式教学。通过引导学生思考、讨论和实践，激发他们的学习兴趣和积极性。同时，教师还应当注重因材施教，根据学生的不同特点和需求，采用不同的教学方法和手段，确保每个学生都能够得到个性化的指导和帮助。

（三）实践活动与案例分析

礼仪课程不仅仅是理论知识的传授，更重要的是进行实践操作和案例分析。学校应当组织丰富多样的实践活动，让学生在实践中学习和掌握礼仪知识。例如，可以组织学生进行模拟社交场景的表演、参加志愿服务活动等，让他们在实践中体验和学习各种礼仪知识。

同时，学校还可以结合现实生活中的案例进行教学。通过分析一些典型的社交案例，引导学生思考如何正确应对各种社交场合和人际关系，提高他们的应变能力和解决问题的能力。这种案例分析的教学方式能够让学生更加深入地理解礼仪知识，提高他们的实践应用能力。

（四）评价与反馈机制

在礼仪课程教学中，评价与反馈机制是必不可少的一环。学校应当建立完善的评价与反馈机制，对学生的学习情况进行及时、准确的评价，并给予相应的指导和帮助。评价应当注重过程性评价和结果性评价相结合，既要关注学生的学习过程，又要关注学生的学习成果。

同时，学校还应当鼓励学生进行自我评价和互相评价。通过自我评价，学生可以更加深入地了解自己的学习情况和不足之处；通过互相评价，学生可以相互学习、相互借鉴、共同提高。这种评价与反馈机制能够让学生更加积极地参与到礼仪课程学习中来，提高他们的学习效果和综合素质。

三、社会教育中的礼貌谦逊宣传与推广

在营造和谐社会氛围的进程中，社会教育对礼貌谦逊美德的宣传与推广起着至关重要的作用。通过广泛而深入的宣传活动，社会教育能够普及礼貌

谦逊的理念，提升公众的文明素质，推动社会的和谐发展。下面笔者将从四个方面分析社会教育中的礼貌谦逊宣传与推广。

（一）制定全面的宣传策略

在推广礼貌谦逊美德的过程中，制定全面而周密的宣传策略是关键。首先，需要明确宣传的目标和受众，针对不同年龄、职业、文化背景的人群制定不同的宣传内容和方式。其次，要充分利用各种媒体渠道，包括电视、广播、报纸、网络等，进行全方位的宣传。最后，还可以借助公共场所、交通工具等载体，通过张贴标语、播放宣传片等方式，让更多的人了解并接受礼貌谦逊的理念。

在制定宣传策略时，应注重内容的创新性和形式的多样性。例如，可以创作一些生动有趣的动画、短视频等，以吸引年轻人的关注；还可以举办一些互动性强的活动，如礼仪知识竞赛、角色扮演等获得，让人们在参与中感受和学习礼貌谦逊的美德。

（二）加强社区文化建设

社区是人们生活的重要场所，也是礼貌谦逊美德宣传的重要阵地。加强社区文化建设，不仅能够提升社区居民的文明素质，还能够为礼貌谦逊美德的推广营造良好氛围。

在社区文化建设中，可以组织一些丰富多彩的文化活动，如文艺演出、书画展览、读书会等，引导居民积极参与其中，深入感受文化的魅力。同时，还可以在社区中设立一些文明标语、宣传栏等，提醒居民注意礼貌谦逊的行为规范。此外，社区还可以邀请一些专家学者、礼仪讲师等，为居民开设礼仪知识讲座或培训班，提高居民的礼仪素养。

（三）发挥榜样示范作用

在推广礼貌谦逊美德的过程中，发挥榜样示范作用是至关重要的。通过树立一些具有影响力的榜样人物，可以激发人们的学习和模仿欲望，进而推动礼貌谦逊美德的普及和传承。

在选择榜样人物时，应注重其代表性和可信度。他们可以是一些具有高尚品德、文明行为的公众人物或普通市民，也可以是一些在礼仪领域有突出贡献的专家学者。这些榜样人物可以通过分享自己的经验和故事，传递礼貌谦逊的价值观和行为准则，进一步引导更多的人加入学习和践行礼貌谦逊美德的行列。

（四）建立长效宣传机制

在推广礼貌谦逊美德的过程中，建立长效宣传机制是确保宣传效果持久性的关键。这包括制订长期的宣传计划、建立稳定的宣传队伍、提供充足的宣传资源等措施。

首先，需要制订长期的宣传计划，明确宣传的目标、内容、方式和时间节点等。这样可以确保宣传活动的有序开展和持续推进。其次，需要建立稳定的宣传队伍，包括专业的宣传人员、志愿者等。这些人员可以通过培训和学习不断提高自己的宣传能力和水平。同时，还需要提供充足的宣传资源，如资金、场地、设备等，以确保宣传活动顺利进行。

此外，还需要建立反馈和评估机制，对宣传活动的效果进行及时评估和调整。这可以通过问卷调查、访谈等方式进行，了解公众对宣传活动的反馈和意见，及时发现问题并进行改进。这样可以确保宣传活动的针对性和有效性，从而推动礼貌谦逊美德的深入推广和普及。

四、多元教育手段在礼貌谦逊教育中的应用

在推广和深化礼貌谦逊教育的过程中，多元教育手段的应用显得尤为关键。通过整合传统与现代、理论与实践的教育方法，我们能够更有效地传递礼貌谦逊的价值观，塑造学生的行为习惯。下面笔者将从四个方面分析多元教育手段在礼貌谦逊教育中的应用。

（一）传统与现代教育方法的结合

在礼貌谦逊教育中，我们可以结合传统与现代的教育方法，以便于达到更好的教育效果。传统教育方法如故事讲解、经典诵读等，能够让学生通过聆听和模仿的方式，感受到礼貌谦逊的魅力和价值。同时，现代教育方法如多媒体展示、在线课程等，能够为学生提供更直观、生动的学习体验，增强

他们的学习兴趣和动力。

例如，学校可以组织学生观看关于礼貌谦逊的动画片或微电影，让学生在娱乐中学习到礼仪知识；同时，还可以利用网络平台开设在线礼仪课程，让学生随时随地都能够学习礼仪知识，提高学习效率。这种传统与现代相结合的教育方法，能够让学生在潜移默化中接受礼貌谦逊的价值观，形成良好的行为习惯。

（二）理论与实践的有机结合

在礼貌谦逊教育中，理论与实践的有机结合是至关重要的。通过理论学习，学生能够掌握基本的礼仪知识和行为规范；而通过实践锻炼，学生则能够将所学知识应用于实际生活中，形成稳定的行为习惯。

为了实现理论与实践的有机结合，学校可以组织各种实践活动，如模拟社交场景、志愿服务等。在这些活动中，学生需要运用所学的礼仪知识与他人进行交流和互动。通过实践锻炼，学生能够更深入地理解礼仪知识的内涵和价值，不断提高自己的社交能力和综合素质。

同时，学校还可以建立礼仪实践基地或礼仪实践社团等组织，为学生提供更多的实践机会。在这些组织中，学生可以参与组织策划各种礼仪活动，如礼仪知识竞赛、礼仪文化展览等。这些活动不仅能够丰富学生的课余生活，还能够提高他们的礼仪素养和综合素质。

（三）个性化与差异化的教学策略

在礼貌谦逊教育中，每个学生都是独特的个体，他们有着不同的性格特点、兴趣爱好和认知水平。因此，我们需要采用个性化与差异化相结合的教学策略，以满足不同学生的需求。

为了实现个性化与差异化的教学策略，教师可以根据学生的不同特点制订个性化的教学计划。例如，对于性格内向的学生，教师可以采用更加温和、鼓励的教学方式；而对于性格外向的学生，教师可以采用更加开放、挑战的教学方式。同时，教师还可以根据学生的认知水平调整教学内容和难度，以确保每个学生都能获得适合自己的教育。

此外，学校还可以建立学生档案系统，记录学生的成长轨迹和学习情况。

通过分析学生的档案数据，教师可以更加准确地了解每个学生的特点和需求，为他们提供更加精准的教育服务。

（四）跨学科与综合性的教育途径

礼貌谦逊教育不仅仅局限于礼仪课程本身，它还可以与其他学科进行融合和交叉。通过跨学科与综合性的教育途径，我们能够更全面地培养学生的礼貌谦逊美德。

例如，在语文课程中，教师可以结合文学作品中的礼仪元素进行讲解和分析；在历史课程中，教师也可以介绍历史上有关礼仪的典故和故事；而在心理课程中，教师则可以分析礼貌谦逊行为背后的心理机制等。这些跨学科的融合不仅能够丰富课程内容，还能够提高学生的综合素质和创新能力。

此外，学校还可以组织综合性的实践活动，如社区服务、文化交流等。在这些活动中，学生需要运用所学的礼仪知识和跨学科知识来解决问题和完成任务。这种综合性的教育方式能够让学生在实践中锻炼自己的能力和素质，逐步提高他们的综合素质和竞争力。

第七章 爱国主义美德的现代解读

第一节 爱国主义美德的传统内涵

一、古代爱国主义的思想基础

爱国主义作为一种深沉的情感和崇高的美德，自古以来便是中华民族精神的核心组成部分。在古代中国，爱国主义的思想基础丰富而深远，它涵盖了道德、政治、文化等多个方面。下面将从四个方面对古代爱国主义的思想基础进行分析。

（一）道德伦理的支撑

古代中国的爱国主义思想深深植根于道德伦理的土壤之中。儒家思想强调"仁爱"和"忠诚"，认为个体对于国家和民族的忠诚是最高尚的道德品质。孟子曰："天下之本在国，国之本在家，家之本在身。"这种家国天下的观念，将个人的道德修养与对国家的忠诚紧密联系在一起，形成了爱国主义的基础。在古代，人们将爱国视为一种崇高的道德追求，认为只有为国家、为民族做奉献，才能实现个人的价值和意义。

（二）政治理念的体现

古代中国的爱国主义思想也体现在政治理念之中。封建社会的统治者为了维护自己的统治地位，往往将爱国主义作为凝聚民心、稳定社会的重要手段。他们通过强调民族团结和国家统一，来激发人们的爱国热情。同时，古代的政治家们也深知，只有国家繁荣和富强，才能保障人民的幸福和安宁。因此，他们致力于推动国家的改革和发展，以实现国家的长治久安。这种政治理念与爱国主义思想是相辅相成的，他们共同构成了古代中国社会的稳定基石。

（三）文化传统的传承

古代中国的爱国主义思想还体现在文化传统的传承之中。中华文化源远流长、博大精深，蕴含着丰富的爱国主义元素。从古代的诗词歌赋到现代的影视作品，都充满了对国家和民族的热爱和赞美。这些文化作品不仅传承了中华民族的优秀传统，也激发了人们的爱国情感。在古代，人们通过学习和传承这些文化传统，不断增强自己的民族自豪感和归属感，从而更加坚定地维护国家的统一和民族的团结。

（四）社会实践的锤炼

古代中国的爱国主义思想还通过社会实践的锤炼得到了深化和升华。在古代中国，人们不仅将爱国作为一种道德追求和政治理念，更将其付诸实践。无数仁人志士为了国家的繁荣和民族的复兴，不惜牺牲自己的生命和利益。他们的事迹和精神成为激励后人的宝贵财富。同时，古代的社会实践也为爱国主义思想提供了丰富的实践经验和生动案例，使得爱国主义思想更加深入人心、更具有生命力。

综上所述，古代中国的爱国主义思想具有深厚的思想基础和实践基础。它既是中华民族精神的核心组成部分，也是推动国家繁荣和民族进步的重要力量。在如今这个全球化、多元化的时代里，我们仍然需要继承和发扬古代爱国主义的思想精髓，以更加坚定的信念和更加饱满的热情投身于祖国的建设和发展之中。

二、传统爱国主义的历史实践

爱国主义不仅是精神追求和道德伦理，它更体现在中华民族的历史实践中。自古以来，无数中华儿女用自己的行动诠释着对国家的热爱和忠诚，形成了丰富而深刻的历史实践。下面将从四个方面对传统爱国主义的历史实践进行分析。

（一）抵御外侮，保卫家园

在中华民族的历史长河中，抵御外侮、保卫家园是爱国主义最直接的体现。每当国家面临外敌入侵时，总有无数英勇的中华儿女挺身而出，为保卫祖国而浴血奋战。从古代的万里长城到近代的抗日战争，无数中华儿女用他们的鲜血和生命谱写了一曲曲壮丽的爱国乐章。他们用自己的行动向世界宣告：中华民族是不可战胜的！这种不屈不挠、敢于斗争的精神是爱国主义最生动的写照。

（二）民族团结，国家统一

在中国历史上，民族团结和国家统一始终是爱国主义的重要内容。无论是春秋战国时期的诸侯争霸，还是秦汉以后的大一统局面，都体现了中华儿女对民族团结和国家统一的执着追求。在漫长的历史进程中，无数仁人志士为了民族的团结和国家的统一而努力奋斗。他们或致力于政治改革，或投身于军事斗争，或从事文化教育等事业，共同推动了中华民族的发展和进步。这种为了民族团结和国家统一而不懈努力的精神，正是爱国主义的重要体现。

（三）推动社会进步，促进国家繁荣

爱国主义不仅体现在抵御外侮和保卫家园上，更体现在推动社会进步和促进国家繁荣上。在中国历史上，许多杰出的政治家、思想家、科学家等都在自己的领域为国家的发展做出了巨大贡献。他们或制定政策推动改革，或著书立说传播思想，或发明创造推动科技进步，共同推动了中华民族的繁荣和进步。这种为了国家繁荣和民族振兴而不断努力的精神是爱国主义的又一重要体现。

（四）文化传承与创新

爱国主义还体现在对中华文化的传承与创新上。中华文化既是中华民族的瑰宝，也是爱国主义的重要载体。在古代，无数文人墨客用诗词歌赋等文学形式表达了对国家和民族的热爱之情；在现代，随着科技的进步和时代的发展，中华文化的传承方式也在不断创新。人们通过电影、电视、网络等媒体形式传播中华文化，让更多的人了解和认识到了中华文化。同时，人们也在不断地创新和发展中华文化，推动中华文化走向世界舞台。这种对中华文化的热爱和传承精神，同样是爱国主义的重要体现。

综上所述，传统爱国主义的历史实践丰富多彩，深刻而生动。它体现在抵御外侮、保卫家园上，体现在国家统一、民族团结上，体现在推动社会进步、促进国家繁荣上，更体现在对中华文化的传承与创新上。这些历史实践不仅彰显了中华民族的精神风貌和道德追求，也为今天的爱国主义教育提供了宝贵的经验和启示。我们应该铭记历史、珍惜今天、开创未来，继续发扬传统爱国主义的精神和实践经验，为中华民族伟大复兴而努力奋斗！

三、爱国主义与民族精神的关系

爱国主义与民族精神作为中华民族的核心价值观，二者紧密相连、相辅相成。下面将从四个方面深入探讨爱国主义与民族精神的关系。

（一）爱国主义是民族精神的核心

爱国主义作为民族精神的核心，是民族认同感和归属感的重要体现。一个民族之所以能够凝聚在一起，共同面对挑战和困难，正是因为有着对国家的深厚情感和对民族的共同认同。这种爱国主义情感，激发了人们的责任感和使命感，促使他们为国家的繁荣和民族的复兴而努力奋斗。在中华民族的历史长河中，无数英雄人物和革命先烈用自己的行动诠释了爱国主义的真谛，他们的精神成为民族精神的重要组成部分，激励着后人不断前行。

（二）民族精神是爱国主义的源泉

民族精神是爱国主义的源泉，为爱国主义提供了深厚的文化土壤和精神支撑。中华民族拥有五千年的文明历史，孕育出了丰富多彩的民族文化和精神财富。这些民族文化和精神财富是爱国主义的重要内容，它们蕴含着中华民族的智慧、勇气和创造力，为爱国主义提供了源源不断的动力。同时，民族精神还体现了中华民族的价值观念和道德追求，为爱国主义提供了坚实的道德基础。在民族精神的熏陶下，人们更加深刻地认识到自己的责任和使命，更加坚定地投身于国家的建设和发展中。

（三）爱国主义与民族精神相互促进

爱国主义与民族精神相互促进，共同推动着中华民族的发展和进步。一方面，爱国主义情感激发了人们的创造力和创新精神，推动了社会各个领域的发展和进步。在爱国主义的激励下，人们更加关注国家的命运和民族的未来，更加积极地投身于科技创新、文化繁荣和社会建设等事业中。这些努力，不仅推动了国家的快速发展，也提升了中华民族的国际地位和影响力；另一方面，民族精神作为爱国主义的源泉，为爱国主义提供了强大的精神动力和文化支撑。在民族精神的熏陶下，人们更加坚定自己的信仰和追求，更加自觉地维护国家利益和民族尊严。这种坚定的信仰和追求，使得中华民族在面临困难和挑战时能够团结一心、共克时艰。

（四）爱国主义与民族精神在当代社会的意义

在当代社会，爱国主义与民族精神依然具有重要的现实意义。随着全球化的深入发展和国际竞争的日益激烈，国家之间的竞争不再仅仅是经济和科技的竞争，更是文化和精神的竞争。在这种情况下，弘扬爱国主义和民族精神就显得尤为重要。通过弘扬爱国主义和民族精神，可以激发人们的爱国热情和民族自豪感，增强国家的凝聚力和向心力；可以推动社会主义核心价值观的践行和传播，促进社会的和谐稳定和文明进步；可以提升中华文化的国际影响力和竞争力，为中华民族伟大复兴提供强大的精神支撑和文化保障。因此，我们应该重视爱国主义与民族精神在当代社会的意义和作用，积极弘扬和践行爱国主义和民族精神。

四、传统爱国主义美德的现代价值

传统爱国主义美德作为中华民族宝贵的文化遗产，不仅在历史长河中发挥着重要作用，而且在现代社会依然具有深远的意义和价值。下面将从四个方面分析传统爱国主义美德的现代价值。

（一）促进国家统一与民族团结

传统爱国主义美德强调对国家的忠诚和对民族的认同，这种情感在当今时代依然是民族团结和国家统一的重要纽带。在全球化和多元文化的冲击下，维护国家的统一和民族的团结尤为重要。传统爱国主义美德，通过培养公民的爱国情怀和民族自豪感，增强了人们对国家和民族的认同感和归属感，使得人们在面对外部挑战时能够团结一心、共同应对。这种精神力量，对于维护国家安全和稳定、促进民族团结和社会和谐具有重要意义。

（二）推动社会主义核心价值观的践行

社会主义核心价值观是当代中国社会的共同价值追求，传统爱国主义美德作为其中的重要组成部分，对于推动社会主义核心价值观的践行具有积极作用。传统爱国主义美德强调个人对国家和民族的责任感和义务感，这种精神，与社会主义核心价值观中的"爱国"和"敬业"等价值观相契合。通过弘扬传统爱国主义美德，可以引导人们树立正确的价值观念，积极投身于国家建设和社会发展中，为实现中华民族伟大复兴的中国梦贡献力量。

（三）提升公民的道德素质和社会责任感

传统爱国主义美德强调个人对国家和民族的忠诚和奉献，这种精神对于提升公民的道德素质和社会责任感具有重要意义。在现代社会，随着物质文明的快速发展，出现了道德沦丧和价值观扭曲的现象。传统爱国主义美德，通过培养人们的爱国情怀和奉献精神，可以激发人们的道德良知和社会责任感，引导人们树立正确的价值观念和道德标准。这种精神力量对于提升整个社会的道德水平和文明程度具有重要意义。

（四）增强国际竞争力和文化软实力

在全球化的背景下，国际竞争不仅仅是经济和科技的竞争，更是文化和软实力的竞争。传统爱国主义美德作为中华民族独特的文化符号和精神财富，对于增强我国的国际竞争力和文化软实力具有重要作用。通过弘扬传统爱国主义美德，可以展现中华民族的精神风貌和文化魅力，提升中华文化的国际影响力和竞争力。同时，传统爱国主义美德也可以激发人们的创造力和创新精神，推动我国的科技创新和文化产业发展，为我国的国际竞争力提升提供有力支撑。

综上所述，传统爱国主义美德在现代社会依然具有深远的意义和价值。它不仅是民族团结和国家统一的重要纽带，也是推动社会主义核心价值观践行、提升公民道德素质和社会责任感、增强国际竞争力和文化软实力的重要力量。因此，我们应该重视对传统爱国主义美德的传承和弘扬，让这一宝贵的精神财富在现代社会焕发出新的生机和活力。

第二节　现代爱国主义的表现形态

一、维护国家统一与领土完整的行动

在现代社会中，爱国主义的表现形态多种多样，其中，维护国家统一与领土完整是核心且直接的表现。这一行动不仅体现了人们对国家的忠诚和热爱，也彰显了公民的责任和担当。下面将从四个方面分析现代爱国主义在维护国家统一与领土完整方面的表现形态。

（一）法律意识的强化与遵守

在现代社会，法律是维护国家统一与领土完整的有力武器。爱国主义者通过强化法律意识，自觉遵守国家法律法规，维护国家的法律权威和尊严。他们深知，只有在一个法治的社会环境中，国家统一和领土完整才能得到有效保障。因此，他们积极参与普法活动，学习法律知识，提高自己的法律素养，用法律武器捍卫国家的统一和领土的完整。

当下，互联网的发展使得信息传播更加迅速和广泛。一些人为了个人利益或特定目的，利用网络平台散布虚假信息，甚至制造谣言，企图破坏国家的统一和领土的完整。对此，爱国主义者坚决予以抵制和打击。他们通过提高媒介素养、增强辨别是非的能力，自觉抵制虚假信息和谣言的传播。同时，他们积极参与网络监督，举报违法违规行为，为营造清朗的网络空间贡献自己的力量。

（二）积极参与国防建设

国防建设是维护国家统一与领土完整的重要保障。爱国主义者深知国防的重要性，积极参与国防建设，为国家的安全稳定贡献力量。他们通过参军入伍、参加民兵组织、参与国防教育等方式，增强自己的国防意识和能力。在军队中，他们服从命令、听从指挥、刻苦训练、勇于奉献；在民兵组织中，他们积极参与训练、执行任务、维护社会治安；在国防教育中，他们传播国防知识、普及国防观念、激发民众的国防意识。

此外，爱国主义者还积极参与国防科技创新和产业发展。他们利用自己的专业知识和技术能力，为国防科技事业贡献智慧和力量。他们关注国防科技的前沿动态和发展趋势，积极投身于国防科研项目和技术创新工作。他们的努力，不仅推动了国防科技事业的快速发展，也为国家的安全稳定提供了有力保障。

（三）支持国家外交政策

外交政策是国家维护统一与领土完整的重要手段。爱国主义者支持国家外交政策，维护国家的国际形象和利益。他们关注国际形势和外交动态，了解国家的外交立场和政策导向。在国际事务中，他们积极宣传国家的外交政策和主张，增进国际社会对中国的了解和认同。同时，他们坚决反对任何形式的分裂行径和霸权主义行径，为维护国家统一和领土完整贡献自己的力量。

（四）促进民族团结与和谐

民族团结与和谐是国家统一与领土完整的重要基础。爱国主义者通过促进民族团结与和谐，维护国家统一和领土完整。他们尊重各民族的文化传统和风俗习惯，推动各民族之间的交流和融合。他们积极参与民族团结进步创建活动，为构建和谐民族关系贡献力量。同时，他们坚决反对任何形式的民族分裂主义活动，坚定维护民族团结和社会稳定。

二、支持国家建设与发展的贡献

在现代社会中，爱国主义不仅体现在维护国家统一与领土完整的行动上，它更深刻地融入支持国家建设与发展的事业中。公民以不同的方式，积极贡献自己的力量，共同推动国家的繁荣与进步。下面将从四个方面分析现代爱国主义在支持国家建设与发展方面的贡献。

（一）积极参与经济建设

经济建设是国家发展的基础，也是爱国主义者贡献力量的重要领域。他们深知经济建设对于国家的重要性，因此积极投身于各类经济活动中。无论是企业家还是普通劳动者，他们都以高度的责任感和使命感，努力推动国家经济的发展。

在企业层面，企业家凭借敏锐的市场洞察力和创新的商业思维，推动产业的升级换代和技术的创新发展。他们带领企业紧跟国际潮流，引进先进的技术和管理经验，提升企业的核心竞争力。同时，他们还积极履行社会责任，关注环境保护和员工福利，推动企业的可持续发展。

在普通劳动者层面，他们以勤劳的双手和坚韧的毅力，为国家的经济建设添砖加瓦。无论是工厂里的工人、农田里的农民，还是服务业的从业人员，他们都以高度的职业精神和敬业精神，为国家的经济发展贡献自己的力量。

（二）推动科技创新

科技创新是国家发展的动力源泉，也是爱国主义者贡献力量的重要领域。他们深知科技创新对于国家的重要性，因此积极投身于科技创新事业中。

科研人员是科技创新的中坚力量。他们凭借扎实的专业基础和敏锐的创新意识，不断探索科学前沿，解决技术难题。他们的研究成果，不仅推动了国家科技水平的提升，也为国家的经济发展和社会进步提供了有力支撑。

同时，普通公民也积极参与到科技创新的浪潮中。他们通过学习和掌握新知识、新技能，不断提高自己的创新能力和创造力。他们的创意和想法，有时候也会成为科技创新的重要灵感来源。

（三）参与社会公益事业

社会公益事业是国家建设与发展中不可或缺的一部分，也是爱国主义者贡献力量的重要领域。他们深知社会公益事业对国家的重要性，因此积极投身于各类公益活动中。

无论是扶贫济困、助学助教，还是环境保护、志愿服务等领域，都活跃着爱国主义者的身影。他们用自己的实际行动，为社会的和谐稳定贡献着力量。同时，他们的行为也感染了更多的人，推动了社会公益事业的发展壮大。

（四）传承和弘扬中华文化

中华文化是中华民族的精神家园，也是爱国主义者贡献力量的重要领域。他们深知中华文化对国家的重要性，因此积极主动地传承和弘扬中华文化。

在教育领域，他们致力于中华文化的教育普及工作。他们通过编写教材、开设课程、举办讲座等方式，向学生和社会大众传播中华文化的精髓和价值观念。他们的努力，使得更多的人愿意了解和认同中华文化，增强了人们的民族自豪感和文化自信心。

在文艺领域，他们通过创作和演出优秀的文艺作品，展现中华文化的魅力和风采。他们的作品不仅丰富了人们的精神文化生活，也促进了中华文化的国际传播和交流。

综上所述，现代爱国主义在支持国家建设与发展方面展现出了多样的形态和丰富的内容。无论是经济建设、科技创新、社会公益事业，还是文化传承和弘扬等领域，都活跃着爱国主义者的身影。他们的贡献不仅推动了国家的繁荣与进步，也彰显了中华民族的精神风貌和道德追求。

三、传承与弘扬中华文化的自觉

在现代社会，传承与弘扬中华文化已成为爱国主义的重要表现之一。作为中华民族的精神支柱和文化根基，中华文化的传承与弘扬不仅关乎民族认同和文化自信，更是推动国家文化软实力提升、实现民族复兴的必由之路。以下将从四个方面分析现代爱国主义在传承与弘扬中华文化方面的自觉表现。

（一）增强文化自觉，坚守文化根脉

文化自觉是指一个民族、一个社会对其文化的自知之明，是对其文化发展历程和未来命运的深刻认识。在传承与弘扬中华文化的过程中，爱国主义者表现出强烈的文化自觉。他们深知中华文化是中华民族的精神家园，是民族凝聚力和创造力的源泉。因此，他们积极学习、研究、传播中华文化，努力挖掘和传承中华文化的优秀传统和核心价值，坚守文化根脉，保持文化特色。

在全球化的背景下，文化多样性和文化交流日益频繁。面对外来文化的冲击和挑战，爱国主义者始终保持清醒的头脑和坚定的立场。他们既尊重文化多样性，又坚持文化自信，他们积极推广中华文化，让更多的人了解和认同中华文化。同时，他们也注重吸收外来文化的优秀元素，推动中华文化的创新和发展。

（二）加强文化教育，培养文化人才

文化教育是传承与弘扬中华文化的重要途径。爱国主义者通过加强文化教育，培养具有中华文化素养和创新能力的人才，为中华文化的传承与发展提供有力的人才保障。

在学校教育中，爱国主义者积极推动中华文化课程的建设和改革。他们倡导将中华文化的优秀传统和核心价值融入课程教学中，让学生在学习知识的同时，深入了解中华文化的内涵和价值。同时，他们还注重培养学生的文化素养和创新能力，鼓励学生参与文化实践活动和创作活动，培养他们的文化自信心和创新能力。

在社会教育中，爱国主义者积极开展各种形式的文化教育和宣传活动。他们通过举办讲座、展览、演出等活动，向公众普及中华文化知识，提高公众的文化素养和审美能力。同时，他们还注重发挥媒体和网络的作用，通过各种渠道，宣传中华文化的优秀传统和核心价值，扩大中华文化的影响力和传播力。

（三）挖掘文化遗产，保护文化生态

文化遗产是中华文化的重要组成部分，是传承与弘扬中华文化的重要载体。爱国主义者通过挖掘和保护文化遗产，维护文化生态平衡，为中华文化的传承与发展提供有力的物质保障。

他们注重保护和修复历史文化遗迹和古建筑，让它们能够更好地保存和展示。同时，他们还积极挖掘和整理非物质文化遗产，如传统手工艺、民间艺术、民俗风情等，让更多的人了解和欣赏这些珍贵的文化遗产。

在保护文化遗产的同时，爱国主义者还注重维护文化生态平衡。他们倡导尊重自然、尊重历史、尊重文化理念，推动文化与自然的和谐共生。他们反对过度开发和破坏文化遗产的行为，努力营造保护文化遗产、尊重文化传统的良好氛围。

（四）推动文化交流，促进文化互鉴

文化交流是传承与弘扬中华文化的重要途径之一。爱国主义者通过推动文化交流，促进不同文化之间的互鉴和融合，为中华文化的传承与发展提供了广阔的国际视野。

他们积极参与国际文化交流活动，如文化节、艺术节、展览等，以此来展示中华文化的独特魅力和优秀传统。同时，他们也积极引进国外优秀的文化成果和先进经验，推动中华文化的创新和发展。

在文化交流的过程中，爱国主义者注重平等互利、合作共赢的原则。他们尊重不同文化的差异性和多样性，推动不同文化之间的平等交流和对话。通过文化交流，他们不仅增进了不同文化之间的了解和友谊，也推动了中华文化的国际传播和影响力的提升。

四、在国际事务中维护国家利益的立场

在国际事务中维护国家利益，是现代爱国主义的重要表现之一。随着全球化的深入发展，国际交流与合作日益频繁，国家间的竞争与合作也日趋复杂。在这一背景下，维护国家利益、捍卫国家主权和尊严，是每一个爱国者的责任和使命。以下将从四个方面分析现代爱国主义在国际事务中维护国家利益的立场。

（一）坚持独立自主的外交政策

独立自主的外交政策，是国家在国际事务中维护自身利益的基础。爱国主义者坚定支持国家独立自主的外交政策，反对任何形式的霸权主义和强权政治。他们深知，只有坚持独立自主，能在国际舞台上保持清醒的头脑和坚定的立场，才能有效维护国家的利益和安全。

在国际事务中，爱国主义者坚决捍卫国家的主权和领土完整，不容忍任何形式的侵犯和挑衅。他们积极参与国际和平与安全事务，推动建立公正合理的国际秩序，为维护国际和地区的和平稳定贡献力量。同时，他们也注重

发展与其他国家的友好合作关系，推动互利共赢的国际合作，共同应对全球性的挑战。

（二）坚定维护国家利益的原则

在国际事务中，维护国家利益是爱国主义者的核心任务。他们坚定维护国家的经济利益、政治利益和安全利益，不容忍任何形式的损害和侵犯。在涉及国家核心利益和重大关切的问题上，他们始终保持高度警惕和坚定立场，坚决捍卫国家的利益和尊严。

在面对国际经济竞争和合作时，爱国主义者注重保护和发展本国的经济。他们积极推动国际合作和贸易往来，促进经济全球化和贸易自由化。同时，他们也注重保护本国企业的利益和市场地位，防止外部势力对本国经济的干预和渗透。

在政治和安全领域，爱国主义者坚定维护国家的统一和安全。他们积极参与国际安全事务，推动建立多边安全合作机制，共同应对全球性的安全挑战。在面对恐怖主义、极端主义等威胁时，他们坚决打击和消灭这些邪恶势力，维护国家的安全和稳定。

（三）积极参与国际事务，提升国家的影响力

积极参与国际事务、提升国家的影响力，是爱国主义者的重要使命。他们深知，只有积极参与国际事务、扩大国际影响力，才能更好地维护国家的利益，提升国家的国际地位。

爱国主义者积极参与国际组织和多边机制的建设和发展。他们支持国家加入和推动国际组织和多边机制的建设和发展，推动建立公正合理的国际秩序和规则体系。同时，他们也注重在国际组织和多边机制中发挥积极作用，推动国际合作和共同发展。

在国际舞台上，爱国主义者积极展示国家的形象和文化。他们通过举办国际会议、文化交流和体育比赛等活动，展示国家的文化魅力和发展成就。这些活动不仅增强了国家的国际影响力，也增进了国际社会对中国的了解和认同。

（四）推动构建人类命运共同体

构建人类命运共同体，是新时代爱国主义的重要表现之一。爱国主义者深知，在全球化的背景下，各国之间的联系和依存日益紧密，人类面临着共同的挑战和机遇。因此，他们积极推动构建人类命运共同体，倡导各国共同应对全球性挑战，共同分享发展成果。

在推动构建人类命运共同体的过程中，爱国主义者注重弘扬中华文化中的和谐、包容、共赢等价值理念。他们倡导各国在平等互利的基础上开展合作和交流，推动形成共建共享、合作共赢的国际关系格局。同时，他们也注重推动构建开放型的世界经济体系，促进全球经济的繁荣和发展。这些努力不仅有助于维护国家的利益和提升国家的国际地位，也有助于推动构建更加公正合理的国际秩序和规则体系。

第三节　爱国主义美德在民族复兴中的作用

一、激发民族自豪感和增强民族凝聚力

在民族复兴的伟大征程中，爱国主义美德发挥着至关重要的作用，它不仅能够激发民族自豪感，还能够凝聚全民族的智慧和力量，共同推动国家的繁荣与发展。以下将从四个方面分析爱国主义美德在激发民族自豪感和增强民族凝聚力方面的作用。

（一）弘扬民族优秀传统，增强民族自信心

爱国主义美德的弘扬，首先要从传承和弘扬民族优秀传统入手。中华民族拥有五千年的文明史，积淀了丰富的文化底蕴和民族精神。这些优秀的传统文化不仅是中华民族的瑰宝，也是激发民族自豪感和增强民族凝聚力的重要源泉。通过弘扬民族优秀传统，我们可以让全民族更加深刻地认识到自己的文化根源和历史使命，从而增强民族自信心和自尊心。同时，优秀的传统

文化还能够为现代社会的发展提供有力的思想支撑和文化滋养，推动社会的和谐稳定和文明进步。

（二）展示国家发展成就，增强民族自豪感

爱国主义美德的激发，还需要通过展示国家的发展成就来增强民族自豪感。随着改革开放的不断深入和社会主义现代化建设的全面推进，中国取得了举世瞩目的成就。在经济建设方面，中国已经成为世界第二大经济体；在科技创新方面，中国的科技成果不断涌现，为全球科技进步做出了重要贡献；在文化事业方面，中国的文化软实力不断提升，中华文化的影响力日益扩大。这些成就的取得，不仅彰显了国家的实力和地位，也增强了全民族的自豪感和自信心。通过展示国家的发展成就，我们可以让全民族更加深刻地认识到自己的责任和使命，激发全民族的爱国热情和奋斗精神。

（三）加强民族团结，凝聚民族力量

爱国主义美德的凝聚作用，体现在加强民族团结、凝聚民族力量这两方面。一个民族只有团结起来，才能够形成强大的力量，共同应对各种挑战和困难。在民族复兴的过程中，爱国主义美德能够激发全民族的爱国热情和奉献精神，使全民族更加紧密地团结在一起，形成共同的目标和追求。这种团结和凝聚力，不仅能够增强国家的整体实力和国际竞争力，还能够为国家的长治久安和可持续发展提供坚实的保障。

（四）培养爱国情怀，塑造民族精神

爱国主义美德的激发，还需要通过培养爱国情怀和塑造民族精神来实现。爱国情怀是爱国主义美德的核心内容之一，它体现了个人对国家的深厚感情和忠诚之心。在民族复兴的过程中，我们需要通过教育、宣传等多种方式，培养全民族的爱国情怀和奉献精神，让每个人都能够深刻认识到自己的责任和使命。同时，我们还需要注重塑造民族精神，弘扬民族优秀传统和核心价值观，让民族精神成为推动民族复兴的强大动力。这种民族精神不仅能够激发全民族的爱国热情和奋斗精神，还能够为国家的长远发展提供有力的思想支撑和文化滋养。

总之，爱国主义美德在民族复兴中发挥着重要作用。通过弘扬民族优秀传统、展示国家发展成就、加强民族团结和培养爱国情怀等多种方式，我们可以激发全民族的自豪感，增强民族凝聚力，共同推动国家的繁荣与发展。

二、推动社会进步与科技创新

在民族复兴进程中，爱国主义美德不仅激发了民族自豪感、增强民族凝聚力，还深刻地推动着社会进步与科技创新。这种推动作用体现在多个方面，从激励科研人员、促进教育体制改革、优化创新环境到构建国际科技合作平台，都是爱国主义美德在科技领域发挥其积极作用的体现。

（一）激发科研人员的爱国情怀，促进科技创新

爱国主义美德能够激励科研人员怀揣着对国家的深厚感情和责任感，投身于科技创新事业。科研人员作为科技创新的核心力量，他们的爱国情怀能够转化为对科学研究的执着追求和不懈奋斗。这种精神动力促使科研人员不畏艰难，勇攀科技高峰，为国家的科技进步和民族复兴贡献智慧和力量。同时，国家对科研人员的支持和保障，也进一步激发了他们的爱国情怀和创新热情，形成了良性循环。

（二）促进教育体制改革，培养创新人才

爱国主义美德在教育领域的体现，是促进教育体制改革，培养创新人才。教育是科技创新的摇篮，教育体制的改革则是培养创新人才的关键。通过深化教育体制改革，加强爱国主义教育，可以培养出具有爱国情怀、创新精神和国际视野的新一代人才。这些人才将成为未来科技创新的中坚力量，为国家的科技进步和民族复兴提供源源不断的动力。

（三）优化创新环境，激发创新活力

爱国主义美德还体现在优化创新环境、激发创新活力上。一个良好的创新环境，是科技创新的重要保障，爱国主义美德能够营造出有利于创新的社会氛围。通过加强知识产权保护、完善科技创新政策、鼓励企业创新等措施，可以营造出更加开放、包容、竞争的创新环境。这种环境能够激发全社会的创新活力，推动科技创新不断取得新突破。

（四）构建国际科技合作平台，提升国际竞争力

爱国主义美德在推动社会进步与科技创新的过程中，还需要注重国际合作与交流。随着全球化的深入发展，科技创新已经成为国际竞争的重要领域。通过构建国际科技合作平台，加强与其他国家的科技创新合作与交流，可以引进国外先进的科技成果和人才资源，提升国家的科技创新能力和国际竞争力。同时，也可以向国外展示我国的科技创新成果和实力，提升国家的国际影响力和话语权。这种国际合作与交流，不仅能够促进科技创新的快速发展，还能够推动国家在全球科技竞争中占据有利地位。

总之，爱国主义美德在推动社会进步与科技创新方面发挥着重要的作用。通过激发科研人员的爱国情怀、促进教育体制改革、优化创新环境和构建国际科技合作平台等多方面的努力，可以不断提升国家的科技创新能力和国际竞争力，为民族的复兴和国家的长远发展提供坚实的科技支撑。

三、培育公民的国家意识与责任感

在民族复兴的伟大进程中，培育公民的国家意识与责任感是至关重要的一环。这种意识和责任感，不仅是个体对国家的情感认同和道德担当，更是推动社会和谐稳定、国家持续发展的内在动力。以下将从四个方面详细分析培育公民国家意识与责任感的重要性及其实现途径。

（一）强化公民教育，根植国家意识

公民教育是国家意识与责任感培育的基础。通过系统的公民教育，可以引导公民正确理解国家的性质、历史、文化和价值观，从而形成对国家深厚的情感认同。在教育中，应注重灌输国家意识，让公民认识到自己作为国家的一分子所肩负的责任和使命。同时，要培养公民的民族自豪感和荣誉感，激发他们为国家的繁荣富强而努力奋斗的热情。

此外，公民教育还应注重实践教育，让公民在实践中感受国家的伟大和力量。通过参与社会公益、志愿服务等活动，公民可以亲身体验到为社会、为国家做贡献的成就感和满足感，从而进一步加深对国家的情感认同和责任感。

（二）弘扬爱国主义精神，激发责任感

爱国主义精神是培育公民国家意识与责任感的重要载体。通过弘扬爱国主义精神，可以激发公民对国家的热爱和忠诚，增强他们的责任感和使命感。在弘扬爱国主义精神的过程中，要注重挖掘和宣传国家的历史传统、文化遗产和先进事迹，让公民在感受国家伟大成就的同时，也认识到自己的责任和使命。

同时，要倡导公民树立正确的价值观和人生观，将个人的成长和发展与国家的繁荣富强紧密联系起来。通过树立榜样、表彰先进等方式，激励公民为国家、为民族、为人民做出更大的贡献。

（三）加强法治教育，提升公民责任感

法治教育是培育公民国家意识与责任感的必要途径。通过加强法治教育，可以让公民了解国家的法律体系和法治精神，明确自己的权利和义务，从而更加自觉地履行对国家的责任和义务。在法治教育中，要注重培养公民的法治思维和法治行为方式，让他们学会用法律的武器维护自己的合法权益，同时，也要尊重他人的权利和利益。

此外，要加强公民对法律制度的信任和支持，让他们认识到，法律制度是维护社会稳定、促进国家发展的有力保障。通过加强法治教育，可以进一步提升公民的责任感和使命感，推动他们更加积极地参与社会事务和国家建设。

（四）营造良好的社会环境，促进公民责任感的形成

社会环境对公民国家意识与责任感的形成具有重要影响。一个良好的社会环境，可以激发公民的爱国情怀和责任感，促进他们形成正确的价值观和人生观。因此，要营造一个有利于公民责任感形成的社会环境。

首先，要加强社会公德建设，提高公民的道德素质和社会责任感。通过倡导文明礼貌、诚实守信等社会公德行为，让公民在日常生活中形成良好的道德风尚。

其次，要加强社会监督和管理，维护社会公平正义。通过加强舆论监督、完善社会管理制度等方式，让公民感受到社会的公正和正义，从而更加自觉

地履行对国家的责任和义务。

最后，要鼓励公民参与社会事务和国家建设。通过搭建公民参与平台、拓宽公民参与渠道等方式，让公民有机会参与社会事务和国家建设，从而增强他们的责任感和使命感。

第四节 爱国主义美德的培育与实践

一、加强爱国主义教育体系建设

在构建与培育爱国主义美德的过程中，加强爱国主义教育体系建设是不可或缺的一环。以下将从四个方面详细分析如何加强爱国主义教育体系建设。

（一）完善教育内容体系

爱国主义教育的内容应当全面、系统、深入。首先，要深入挖掘和弘扬中华民族的优秀传统文化，如爱国主义诗词、历史故事等，让青少年在传承中感悟爱国精神的伟大；其次，要加强近现代史教育，特别是加强抗日战争、解放战争等历史事件的教育，让青少年明白国家独立和民族解放的来之不易；最后，还要关注当代中国的发展成就和国际地位的提升，增强青少年的民族自豪感和自信心。

在教育内容的选择上，要注重与时俱进，紧跟时代步伐。要关注国际形势的变化和国家发展战略的调整，及时更新教育内容，让青少年了解国家面临的机遇和挑战。同时，也要注重教育内容的针对性和实效性，针对不同年龄段、不同社会群体的特点，制定有针对性的教育内容。

（二）优化教育方法手段

在爱国主义教育的过程中，要注重方法的创新和手段的多样化。首先，要充分利用现代科技手段，如互联网、新媒体等，拓宽教育渠道，提高教育效果。可以通过开发爱国主义教育 APP、建设网络教育资源库等方式，让青少年能够随时随地接受爱国主义教育；其次，要注重实践教学和体验式教学，让青少年在亲身参与中感受爱国精神的力量。可以通过组织参观红色教育基地、开展社会实践活动等方式，让青少年深入了解国家的历史和文化。

在优化教育方法手段的过程中，要注重因材施教和因势利导。要根据青少年的兴趣爱好和认知水平，选择合适的教育方法和手段。同时，也要注重教育的互动性和趣味性，让青少年在轻松愉快的氛围中接受爱国主义教育。

（三）构建多方协同机制

爱国主义教育是一项系统工程，需要政府、学校、家庭、社会等多方面的协同合作。首先，政府要发挥主导作用，制定相关的政策和措施，推动爱国主义教育工作的深入开展；其次，学校作为爱国主义教育的主阵地，要承担起主要责任，加强课程建设和师资队伍建设；最后，家庭和社会也要积极参与爱国主义教育工作，形成多方协同、共同育人的良好局面。

在构建多方协同机制的过程中，要注重信息的沟通和资源的共享。政府、学校、家庭、社会等各方要加强联系和沟通，及时分享爱国主义教育的经验和做法。同时，也要注重资源的整合和优化配置，充分利用各种资源，为爱国主义教育提供支持。

（四）加强师资队伍建设

教师是爱国主义教育的主要实施者，其素质和能力的高低直接影响着爱国主义教育的效果。因此，要加强师资队伍建设，提高教师的专业素质和教育教学能力。首先，要加强教师的培训和研修工作，提高其专业知识和教育教学水平；其次，要引导教师树立正确的历史观、民族观和国家观，增强其爱国情怀和责任意识；最后，还要建立激励机制和评价体系，激发教师的工作热情和创造力。

在加强师资队伍的建设过程中，要注重教师的师德师风建设。教师要以身作则、言传身教，用自己的言行影响和感染学生。同时，也要注重教师的团队建设和合作精神的培养，形成一支团结、协作、高效的爱国主义教育师资队伍。

二、创新爱国主义教育方法与手段

在培育与实践爱国主义美德的过程中，创新爱国主义教育的方法与手段是至关重要的。传统的教育方式虽有其优势，但在当前信息化、多元化的社会背景下，需要不断探索和尝试新的教育方法与手段，以更好地吸引青少年的注意力，增强教育效果。以下将从四个方面详细分析如何创新爱国主义教育的方法与手段。

（一）利用现代科技手段丰富教育形式

随着信息技术的飞速发展，可以利用互联网、新媒体等现代科技手段，为爱国主义教育注入新的活力。首先，可以开发各类爱国主义教育网站、APP 和互动平台，通过文字、图片、视频等多种形式，展示国家的历史、文化和成就，让青少年在互动中深入了解国家的发展历程；其次，可以运用虚拟现实（VR）、增强现实（AR）等先进技术，模拟历史场景，让青少年身临其境地感受历史的厚重与伟大；最后，还可以利用社交媒体等网络平台，组织线上话题讨论、互动问答等活动，激发青少年的爱国热情和思考。

在利用现代科技手段的过程中，要注重内容的真实性和准确性，避免传播虚假信息。同时，也要关注青少年的使用习惯和兴趣点，制订符合他们认知特点的教育方案。

（二）开展实践活动增强体验感

实践是检验真理的唯一标准，也是增强爱国主义情感的有效途径。我们可以通过开展各类实践活动，让青少年亲身参与、亲身体验，从而加深他们对国家的认识和热爱。例如，可以组织参观革命历史纪念馆、烈士陵园等红色教育基地，让青少年了解革命先烈的英勇事迹和崇高精神；可以开展社会调查、志愿服务等实践活动，让青少年深入了解国情民意，增强社会责任感；还可以组织国防教育、军事训练等活动，让青少年了解国防知识，增强国防意识。

在实践活动的设计和实施过程中，要注重活动的安全性和有效性，确保青少年在参与的过程中能够真正获得成长和收获。

（三）引入多元文化元素拓宽视野

在全球化的背景下，我们可以引入多元文化元素，让青少年在了解国家文化的同时，也了解其他国家和民族的文化，从而拓宽视野、增进理解。例如，可以组织国际文化交流活动，让青少年与外国友人交流互动，了解不同国家的文化习俗和思想观念；可以邀请外籍教师或专家来校授课或举办讲座，为青少年带来不同的视角和思考方式。

在引入多元文化元素的过程中，要注重文化的多样性和包容性，尊重不同国家和民族的文化差异。同时，也要引导青少年树立正确的文化观和价值观，增强文化自信和民族自豪感。

（四）注重个性化教育与情感引导

每个青少年都有自己独特的兴趣爱好和性格特点，我们在进行爱国主义教育时，也要注重个性化教育与情感引导。首先，要关注青少年的个性差异和需求差异，制订个性化的教育方案；其次，要注重情感引导和心理疏导，帮助青少年树立正确的价值观和人生观；最后，还要鼓励青少年发挥自己的创造力和想象力，在爱国主义教育中展示自己的风采和才华。

在个性化教育与情感引导的过程中，要注重教师的专业素养和人文关怀能力。教师需要具备丰富的教育经验和敏锐的洞察力，能够及时发现青少年的问题和需求，并给予及时的帮助和指导。同时，教师也需要具备较高的情感素养和沟通技巧，能够与青少年建立良好的师生关系，为他们的健康成长提供有力支持。

三、营造爱国主义的良好社会氛围

在培育与实践爱国主义美德的过程中，营造爱国主义的良好社会氛围是不可或缺的一环。这种氛围的塑造，不仅需要政府的引导和支持，还需要社会各界的共同努力。以下将从四个方面详细分析如何营造爱国主义的良好社会氛围。

（一）政府主导，发挥政策引领作用

政府在营造爱国主义良好社会氛围方面扮演着至关重要的角色。首先，政府应通过制定和实施相关政策，明确爱国主义的核心内容和价值导向，为全社会树立正确的爱国观念提供政策支撑；其次，政府应加大对爱国主义教育的投入，支持各类爱国主义教育活动的开展，提高公众对爱国主义的认知度和参与度；最后，政府还应加强对媒体的监管和引导，确保媒体在传播爱国主义正能量方面发挥积极的作用。

在政策制定和实施的过程中，政府应注重政策的科学性和可操作性，确保政策能够真正落地生根、发挥实效。此外，政府还应及时评估政策效果，根据评估结果调整和完善相关政策，确保政策的针对性和有效性。

（二）媒体传播，营造浓厚舆论氛围

媒体作为信息传播的重要渠道，在营造爱国主义良好社会氛围方面具有独特的优势。首先，主流媒体应发挥舆论引导作用，通过新闻报道、评论文章等方式，积极传播爱国主义思想和文化，增强公众的国家意识和民族自豪感；其次，商业媒体和网络媒体也应积极参与爱国主义传播，利用自身优势和特点，为公众提供多样化的爱国主义文化产品和服务。

在媒体传播的过程中，应注重传播内容的真实性和准确性，避免虚假信息和误导性言论的传播。同时，媒体还应关注青少年的需求和兴趣点，制作适合他们阅读和观看的爱国主义文化产品，激发他们的爱国热情和创造力。

（三）社会参与，形成全民共建共享局面

爱国主义的良好社会氛围需要全社会的共同参与。首先，各类社会组织应积极开展爱国主义教育活动，如志愿服务、文化展览等，为公众提供参与爱国主义实践的机会和平台；其次，企业和商家也应积极履行社会责任，通过赞助活动、捐赠资金等方式，支持爱国主义教育事业的发展；最后，公民个人也应积极参与爱国主义实践活动，如参与社区服务、支持国防建设等，以实际行动践行爱国主义精神。

在社会参与的过程中，应注重活动的多样性和创新性，以满足不同群体

的需求和兴趣。同时，还应注重活动的规范性和安全性，确保活动的顺利开展和参与者的安全。

（四）文化熏陶，培育深厚的爱国情怀

文化是一个国家和民族的灵魂，也是培育爱国情怀的重要载体。首先，应加强对中华优秀传统文化的传承和弘扬，让青少年在了解和学习传统文化的过程中，培养对国家和民族的深厚感情；其次，应积极推动文化创新和发展，创作更多具有时代特色和民族特色的文化作品，为公众提供丰富多彩的精神食粮；最后，还应加强文化交流与合作，让中华文化走向世界舞台，增强国家的文化软实力和国际影响力。

在文化熏陶的过程中，应注重文化传承性和创新性的结合，既要保持传统文化的精髓和特色，又要不断吸收和借鉴其他文化的优秀元素，推动中华文化不断发展和创新。同时，还应注重文化的普及性和群众性，让更多人能够接触和了解中华文化，共同培育深厚的爱国情怀。

四、个人在爱国主义实践中的责任与行动

在培育和实践爱国主义美德的过程中，每一个公民都肩负着不可推卸的责任。爱国主义不仅仅是一种情感表达，更是一种实际行动的体现。以下将从四个方面详细分析个人在爱国主义实践中的责任与行动。

（一）树立正确的爱国观念

个人在爱国主义实践中的首要责任是树立正确的爱国观念。这包括对国家、民族和文化的深刻认同和尊重，对国家历史、现实和未来的正确理解和把握。个人应该通过学习、思考和实践，不断提升自己的国家意识和民族自豪感，坚定自己的爱国信念。同时，也要避免盲目排外和狭隘的民族主义情绪，以开放、包容的心态，对待不同的文化和观念。

在树立正确爱国观念的过程中，个人应该注重学习国家的历史和文化，了解国家的发展历程和现状。可以通过阅读书籍、观看影片、参加讲座等方式，不断拓宽自己的知识视野，加深对国家的认识和了解。同时，也要关注国际形势和国家利益，增强自己的国际视野和全球意识。

（二）积极参与爱国主义活动

个人在爱国主义实践中应该积极参与各类爱国主义活动，通过实际行动践行爱国主义精神。这包括参加志愿服务、支持国防建设、参与国家重大活动等。个人通过参与这些活动，可以为社会做出贡献，同时，也能够增强自己的爱国情感和责任感。

在参与爱国主义活动的过程中，个人应该注重活动的实际效果和社会影响。要积极参与有意义的志愿服务活动，为弱势群体提供帮助和支持；要关注国防建设，支持国家的安全和发展；要积极参与国家重大活动，为国家的发展和繁荣贡献自己的力量。

（三）弘扬爱国主义精神

个人在爱国主义实践中还应该积极弘扬爱国主义精神。这包括在日常生活和工作中，积极传播爱国主义思想和文化，倡导爱国主义行为和价值观。个人可以通过自己的言行举止以及社交媒体等，向身边的人传递爱国主义的正能量，影响和带动更多的人参与到爱国主义实践中来。

在弘扬爱国主义精神的过程中，个人应该注重自身的言谈举止和道德修养。要遵守社会公德和职业道德，树立良好的个人形象；要尊重他人、关心他人、帮助他人，营造和谐的社会氛围；要积极参与社会公益事业，为社会做出更多的贡献。

（四）将爱国主义与个人发展相结合

个人在爱国主义实践中还应该将爱国主义与个人发展相结合。这意味着在追求个人发展和进步的同时，也要关注国家和民族的利益和发展。个人应该通过努力学习和工作，不断提升自己的能力和素质，为国家和民族的发展做出更大的贡献。

在将爱国主义与个人发展相结合的过程中，个人应该注重自身的职业规划和发展目标。要根据自己的兴趣和特长，选择适合自己的职业和发展方向；要关注国家和社会的需求和发展趋势，不断调整自己的职业规划和发展目标；要积极参与国家重大战略和项目的实施，为国家和民族的发展贡献自己的力量。

总之，个人在爱国主义实践中肩负着重要的责任和使命。只有树立正确的爱国观念、积极参与爱国主义活动、弘扬爱国主义精神、将爱国主义与个人发展相结合，才能真正成为爱国主义的践行者和推动者。

第八章 传统美德传承与创新的未来展望

第一节 传统美德传承的重要性

一、传统美德的文化价值

传统美德作为中华民族文化的重要组成部分，承载着丰富的历史信息和深厚的文化内涵，具有不可估量的文化价值。以下将从四个方面详细分析传统美德的文化价值。

（一）历史传承的连续性

传统美德作为中华民族历史的瑰宝，其传承具有连续性。这些美德经过几千年的沉淀和传承，已经深深烙印在中华民族的文化基因中，成为中华民族共同的精神财富。传统美德的传承，不仅是对历史的尊重，更是对文化的传承和发扬。通过传承传统美德，我们可以更好地理解和认识中华民族的历史和文化，增强民族认同感和归属感。

（二）道德教化功能

传统美德具有强大的道德教化功能。在中华民族的历史长河中，传统美德一直是道德教化的重要内容。这些美德通过家庭、学校、社会等多种场所，渗透到人们的日常生活中，影响着人们的思维方式和行为准则。通过传承传统美德，可以引导人们树立正确的道德观念，培养良好的道德风尚，提高全民族的道德素质。

（三）文化自信的支撑

传统美德是中华民族文化自信的重要支撑。在全球化的背景下，各种文化思潮相互激荡，中华民族文化面临着前所未有的挑战。通过传承和弘扬传统美德，我们可以增强民族文化自信心，坚定文化自信，抵御外来文化的冲击和侵蚀。同时，传统美德的传承，也可以为世界文化的多样性做出贡献，展示中华民族文化的独特魅力和价值。

（四）和谐社会的构建

传统美德对于构建和谐社会具有重要意义。在中华民族的传统美德中，包含着尊重他人、关爱社会、崇尚和谐等思想。这些思想对于缓解社会矛盾、促进社会和谐具有积极作用。通过传承和弘扬传统美德，可以引导人们树立正确的价值观，增强人与人之间的互信和合作，推动社会的和谐稳定发展。

在具体分析传统美德的文化价值时，我们可以从以下几个方面进行深入探讨。

首先，传统美德的历史传承连续性体现在其源远流长的历史背景和深厚的文化底蕴中。这些美德不仅是中华民族历史的见证，也是中华民族文化的瑰宝。通过学习和传承这些美德，我们可以更好地理解和认识中华民族的历史和文化，增强民族认同感和归属感。

其次，传统美德的道德教化功能体现在其对人们道德观念和行为准则的影响上。这些美德通过家庭、学校、社会等多种场所进行传播和教育，引导人们树立正确的道德观念和行为准则。在当今社会，人们面对着各种道德挑战和诱惑，传承和弘扬传统美德显得尤为重要。

再次，传统美德的文化自信支撑作用体现在其对于中华民族文化自信心的增强上。在全球化的背景下，各种文化思潮相互激荡，中华民族文化面临着前所未有的挑战。通过传承和弘扬传统美德，可以增强我们的民族文化自信心，坚定文化自信，抵御外来文化的冲击和侵蚀。

最后，传统美德在构建和谐社会方面的作用也不可忽视。在中华民族的传统美德中，包含着尊重他人、关爱社会、崇尚和谐等思想。这些思想对于缓解社会矛盾、促进社会和谐具有积极作用。通过传承和弘扬传统美德，可以引导人们树立正确的价值观，增强人与人之间的互信和合作，推动社会的和谐稳定发展。

二、传统美德对个人成长的影响

（一）塑造品德基石

传统美德在个人成长过程中，首先起到了塑造品德基石的作用。这些美德如同坚实的基石，为个人成长提供了稳固的道德支撑。通过学习和实践诸如诚实、守信、尊重、宽容等传统美德，个人能够逐渐形成正直、善良、勇敢、坚韧的品格，成为有道德、有责任感的人。

诚实是品德的基石，它要求个人言行一致，不撒谎、不欺骗。在诚实的基础上，个人能够建立起真正的自我认同和自信，获得他人的信任和尊重。同时，诚实也是社会交往的基础，它能够构建人与人之间的和谐关系，减少矛盾和冲突。

守信是个人信用的体现，它要求个人言出必行、信守承诺。守信的人能够获得他人的信赖和支持，建立起良好的人际关系。在竞争激烈的社会环境中，守信还能够为个人赢得更多的机会和资源，实现个人价值和社会价值的统一。

尊重和宽容体现了人与人之间的平等和包容。尊重他人的人格和权利，能够增进人与人之间的理解和信任；包容他人的不同意见和行为，则能够减少冲突和矛盾，促进社会的和谐稳定。通过尊重和宽容，个人能够建立起更加宽广的胸怀和视野，更好地适应复杂多变的社会环境。

（二）培养良好的行为习惯

传统美德对个人行为习惯的养成也具有重要影响。这些美德不仅要求个人在思想上认同和接受，更要求个人在行动上践行和体现。通过长期的学习和实践，个人能够逐渐形成一系列良好的行为习惯，如勤奋、节俭、自律等。

勤奋是成功的关键，它要求个人在学习和工作中不断努力、不懈追求。通过勤奋学习，个人能够不断提高自己的知识水平和技能；通过勤奋工作，个人能够实现自己的职业目标和人生价值。同时，勤奋还能够锻炼个人的意志力和毅力，使个人在面对困难和挑战时，更加坚定和勇敢。

节俭是中华民族的传统美德之一，它要求个人在物质消费上保持节制和理性。通过节俭生活，个人不仅能够减少浪费和负担，还能够培养自己的理财能力和财富意识。同时，节俭还能够使个人在精神上保持清醒和自律，避免陷入物质主义和享乐主义的泥潭。

自律是个体行为的规范和约束，它要求个人在行为上保持一定的自我约束和控制能力。通过自律行为，个人能够保持良好的生活和学习状态，避免不良习惯和行为的侵蚀。同时，自律还能够培养个人的责任感和使命感，使个人在集体和国家利益面前，保持高度的自觉性和主动性。

（三）树立正确的价值观

传统美德对个人价值观的形成具有重要影响。通过学习和实践传统美德，个人能够逐渐形成正确的价值观，如爱国、敬业、诚信等。这些价值观不仅是个人的道德准则和行为规范，也是个人实现自我价值和社会价值的指导原则。

爱国是个人价值观的核心之一，它要求个人热爱自己的国家和民族，为国家的繁荣和富强贡献自己的力量。通过爱国教育和实践，个人能够增强民族认同感和归属感，激发爱国热情和责任感。同时，爱国还能够培养个人的大局意识和奉献精神，使个人在集体和国家利益面前，保持高度的自觉性和主动性。

敬业是个人职业道德的核心，它要求个人在工作时保持高度的责任心和敬业精神，尽职尽责地完成自己的工作任务。通过敬业的教育和实践，能够培养良好的职业素养和工作习惯，提高自己的工作能力和效率。同时，敬业还能够培养个人的团队精神和合作意识，使个人在团队中发挥更大的作用和价值。

（四）激发精神追求与自我超越

传统美德还能够激发个人的精神追求与自我超越。这些美德不仅要求个人在道德和行为上做到尽善尽美，更要求个人在精神层面追求更高的境界和更远大的目标。通过学习和实践传统美德，个人能够不断挑战自我、超越自我，实现自我价值的最大化。

在追求精神境界的过程中，个人需要不断学习和反思自己的行为和思想。通过自我反省和修正错误行为，个人能够不断提高自己的道德水平和精神修养。同时，个人还需要关注社会发展和人类命运等重大问题，思考如何为社会和人类做出更大的贡献。这种思考和实践，能够使个人在精神层面得到升华和超越，实现更高的人生价值和意义。

三、传统美德对社会发展的作用

（一）塑造和谐稳定的社会环境

传统美德在社会发展中扮演着至关重要的角色，其首要作用体现在塑造和谐稳定的社会环境方面。在中华文化的深厚底蕴中，诸如"和为贵""仁爱"等美德观念深入人心，这些美德不仅是个人修养的体现，更是社会和谐稳定的基石。

首先，传统美德倡导人与人之间的相互尊重与理解。在"仁爱"思想的指导下，人们倾向于以宽容、理解的态度对待他人，减少冲突和摩擦。这种社会氛围，有助于减少社会矛盾和纷争，营造和谐稳定的社会环境。

其次，传统美德强调家庭和谐的重要性。家庭作为社会的基本细胞，其和谐稳定对于整个社会的安定具有重要意义。传统美德中的"孝道""尊老爱幼"等观念，有助于维护家庭和睦，促进家庭成员之间相互关爱与扶持。这种家庭氛围的营造，对于社会稳定具有积极的推动作用。

最后，传统美德还注重诚信与道德建设。诚信是社会交往的基石，道德建设是维护社会秩序和稳定的重要手段。传统美德中的"诚实守信""廉洁自律"等观念，有助于塑造良好的社会风气，提升整个社会的道德水平。这种道德风尚的营造，对于维护社会稳定、促进社会发展具有重要的作用。

（二）推动社会文明进步

传统美德对于社会文明进步具有积极的推动作用。在中华文化的熏陶下，人们形成了许多优秀的品质和价值观，这些品质和价值观是推动社会文明进步的重要力量。

首先，传统美德注重个人修养和素质提升。在"修身齐家治国平天下"

的思想指导下，人们注重自我完善和自我提升，不断追求更高的道德境界。这种追求不仅有助于提升个人的品德和素质，也有助于推动整个社会的文明进步。

其次，传统美德强调社会责任和奉献精神。在"天下兴亡匹夫有责"的思想指导下，人们认识到自己的社会责任和使命，愿意为社会的繁荣和发展贡献自己的力量。这种奉献精神和责任意识，有助于激发人们的积极性和创造力，从而推动社会文明不断进步。

最后，传统美德还倡导人与自然和谐共生。在"天人合一"哲学思想的指导下，人们认识到人类与自然是相互依存、相互影响的。因此，人们注重保护自然环境和生态平衡，推动实施可持续发展战略。这种环保意识的普及和践行，对于推动社会文明进步具有重要的作用。

（三）增强社会凝聚力和向心力

传统美德有助于增强社会凝聚力和向心力，使社会成员更加团结一心、共同奋斗。在中华文化的熏陶下，人们形成了共同的文化认同和价值观念，这些共同的文化认同和价值观念，是增强社会凝聚力和向心力的重要基础。

首先，传统美德强调团结合作和集体主义精神。在"众志成城"的思想指导下，人们认识到只有团结一心、共同努力，才能战胜困难和挑战。这种集体主义精神有助于增强人们的凝聚力和向心力，推动社会各项事业顺利开展。

其次，传统美德注重民族认同和文化自信。在中华文化的熏陶下，人们对自己的民族和文化有着深厚的感情和认同感。这种民族认同和文化自信有助于增强人们的归属感和自豪感，增强社会的凝聚力和向心力。

最后，传统美德还倡导公平正义和道德风尚。在"公正无私"的思想指导下，人们注重维护社会的公平正义和道德风尚。这种公平正义和道德风尚的营造，有助于增强社会的公信力和凝聚力，使社会成员能够团结一心、共同奋斗。

（四）促进国际文化交流与合作

传统美德不仅对于国内社会发展具有重要作用，而且在国际文化交流与合作中也发挥着积极作用。通过传承和弘扬传统美德，我们能够向国际社会展示中华文化的独特魅力和价值，促进国际文化交流与合作。

首先，传统美德是中华文化的瑰宝之一，其深厚的文化底蕴和独特的魅力能够吸引国际社会的关注和赞誉。通过在国际舞台上展示传统美德的独特魅力和价值，我们能够提升中华文化在国际上的影响力和话语权。

其次，传统美德中的优秀品质和价值观具有国际普适性，能够为不同文化之间的交流和互鉴提供有益的借鉴和启示。通过在国际文化交流与合作中传承和弘扬传统美德的优秀品质和价值观，能够促进不同文化之间的相互理解和尊重，推动国际文化交流与合作向更深层次发展。

最后，传统美德的传承和弘扬还能够为国际社会的和谐稳定与发展提供有益的支持和帮助。在全球化背景下，各国之间的联系和依存度日益加深，国际社会需要共同面对各种挑战和问题。通过传承和弘扬传统美德中的和谐、稳定、公正等价值观念，我们能够为国际社会的和谐稳定与发展提供有益的启示和支持。

四、传承传统美德的紧迫性与必要性

（一）文化认同与民族自信的构建

在全球化和多元化的今天，文化认同与民族自信成为一个国家、一个民族生存和发展的重要基石。传统美德作为中华民族的文化瑰宝，对其的传承具有紧迫性和必要性。通过传承传统美德，我们不仅能够强化中华民族的文化认同，更能够增强民族自信心和凝聚力。

首先，传承传统美德有助于我们认识和理解中华文化的精髓。传统美德是中华民族在漫长的历史长河中形成的，它蕴含了丰富的历史信息和文化内涵。通过学习和传承这些美德，我们能够更好地理解和认识中华文化的独特魅力和价值，从而增强对中华文化的认同感和归属感。

其次，传承传统美德能够增强我们的民族自信心。在全球化的背景下，各种文化思潮相互激荡，中华民族文化面临着前所未有的挑战。通过传承和弘扬传统美德，能够展现中华民族文化的独特魅力和价值，增强民族自信心和自豪感。这种自信心，不仅能够让我们在面对外来文化冲击时保持坚定，更能够激发我们为实现中华民族伟大复兴而团结奋斗的豪情壮志。

（二）道德建设与社会和谐

随着社会的快速发展和变革，道德建设和社会和谐面临着诸多挑战。传统美德作为中华民族的精神支柱，其对道德建设和社会和谐具有重要意义。

首先，传承传统美德有助于我们树立正确的道德观念。传统美德中蕴含着诸多道德规范和准则，如诚实、守信、尊重、宽容等。这些规范和准则不仅是我们行为的准则，更是我们精神的寄托。通过传承和弘扬传统美德，能够引导人们树立正确的道德观念，提高全社会的道德素质水平。

其次，传承传统美德能够促进社会和谐。传统美德中蕴含着诸多和谐思想，如"和为贵""家和万事兴"等。这些思想强调了人与人之间的和谐关系，以及家庭、社会、国家之间的和谐统一。通过传承和弘扬这些思想，能够促进人与人之间的互信和合作，减少矛盾和冲突，从而推动社会的和谐稳定发展。

（三）青少年教育与未来人才培养

青少年是国家的未来和希望，他们的成长和教育关系着国家和民族的兴旺。传统美德的传承，对于青少年教育和未来人才培养具有重要意义。

首先，传承传统美德有助于培养青少年的良好品质。传统美德中蕴含着诸多优秀品质，如诚实、守信、尊重、宽容等。这些品质是青少年成长过程中必不可少的素质。通过传承和弘扬这些美德，能够引导青少年树立正确的价值观和人生观，培养他们的良好品质和社会责任感。

其次，传承传统美德有助于培养青少年的创新意识和实践能力。传统美德不仅要求我们在道德和行为上做到尽善尽美，更要求我们在实践和创新上追求卓越。通过传承和弘扬传统美德中的创新精神和实践能力，能够激发青少年的创造力和创新精神，培养他们成为具有创新精神和实践能力的新时代人才。

（四）国际交流与合作中的文化展示

在全球化的背景下，国际交流与合作日益频繁。作为中华民族的文化瑰宝，传统美德的传承对于我们在国际交流与合作中展示中华文化具有重要意义。

首先，传承传统美德能够提升我们的文化软实力。文化软实力是一个国家在国际上的影响力、吸引力和感召力的重要体现。通过传承和弘扬传统美德，我们能够提升中华文化的魅力和吸引力，提升中华文化在国际上的影响力和话语权。

其次，传承传统美德能够促进国际交流与合作中的文化互鉴。在国际交流与合作中，不同文化之间的交流和互鉴是必不可少的。通过传承和弘扬传统美德，能够展示中华文化的独特魅力和价值，促进不同文化之间的相互理解和尊重，从而推动国际交流与合作的深入发展。

第二节　传统美德传承的现状与挑战

一、传统美德传承的现状分析

（一）家庭教育的基石作用逐渐减弱

在当前的社会环境中，家庭教育作为传统美德传承的首要场所，其基石作用正在逐渐减弱。随着现代化、城市化的加速推进，家庭结构、生活方式和价值观念都发生了显著变化。许多家庭由于忙碌的工作和生活节奏，对子女的教育往往只关注学业成绩，而忽视了传统美德的培养。家长自身对传统美德的理解和践行也存在不足，导致在家庭教育中难以有效地传承和弘扬传统美德。这种现状使得家庭在传承传统美德方面的功能逐渐弱化，给传统美德的传承带来了挑战。

（二）学校教育的片面性与应试压力

学校教育作为传统美德传承的重要渠道，存在着片面性和应试压力的问题。在当前的教育体制下，学校往往过分注重知识的传授和应试能力的培养，而忽视了学生的品德教育和人文素质的培养。虽然一些学校已经开始重视传统美德的教育，但往往只停留在表面，没有真正深入学生的内心。此外，应试压力也使得学校和学生难以有更多的时间和精力去关注传统美德的传承。这种现状使得学校教育在传承传统美德方面存在不足，难以发挥应有的作用。

（三）社会文化的多元化与冲击

随着全球化、信息化的深入发展，社会文化日益多元化，各种文化思潮相互激荡，给传统美德的传承带来了冲击。在多元文化的背景下，人们面临着更多的选择和诱惑，容易迷失在物质主义和功利主义中，忽视传统美德的价值和意义。此外，一些不良的社会现象和风气，也对传统美德的传承造成了负面影响。这种现状使得传统美德在社会文化中逐渐淡化，甚至被一些人遗忘。

综上所述，当前传统美德传承面临着家庭教育基石作用减弱、学校教育片面性与应试压力、社会文化多元化与冲击等问题。这些问题使得传统美德的传承面临着诸多挑战和困难。因此，需要加强传统美德的传承与弘扬工作，提高全社会对传统美德的认识和重视程度，共同推动传统美德的传承与发展。

二、传承过程中遇到的困难与挑战

（一）现代社会价值观多元化带来的冲击

在现代社会，随着信息传播的快速和广泛，人们接触到的价值观念日益多元化。在这些价值观念中，既有积极向上的，也有消极负面的，它们对传统美德的传承产生了不小的冲击。例如，物质主义和功利主义在一些人心中占据着主导地位，人们更注重追求个人利益，而忽视了传统美德中强调的集体利益、社会和谐等价值观。这种价值观的冲突，使得传统美德的传承变得困难重重。

同时，现代社会中的快节奏生活也导致人们的心态浮躁，缺乏耐心和时间去深入了解和践行传统美德。人们往往更倾向于追求即时的满足和享乐，而忽视了传统美德中的修身养性、勤俭节约等品质。这种心态的转变，也加大了传统美德传承的难度。

为了应对这一挑战，需要加强对传统美德的宣传和教育，提高公众对传统美德的认知和重视程度。同时，还需要引导人们树立正确的价值观，强调集体利益和社会和谐的重要性，让人们意识到传统美德对个人成长和社会发展的重要意义。

（二）教育体制与方法的局限

在传承传统美德的过程中，教育体制与方法的局限也是一大挑战。传统的教育体制，往往只注重知识的传授和应试能力的培养，而忽视了学生的品德教育和人文素质的培养。这使得学生在成长过程中缺乏对传统美德的深入了解和体验。

此外，一些学校在传承传统美德时，往往采用灌输式的教学方法，缺乏创新性和趣味性。这种方法难以激发学生的学习兴趣和积极性，使得传统美德的传承效果大打折扣。

为了克服这一挑战，需要对教育体制和方法进行改革和创新。应该注重学生的品德教育和人文素质的培养，将传统美德融入课程教学中。同时，还需要采用多样化的教学方法和手段，如情景教学、案例教学等，让学生在实际操作中体验和感悟传统美德的魅力和价值。

（三）传统与现代的融合难题

在传承传统美德的过程中，还面临着传统与现代的融合难题。一方面，需要保留和传承传统美德中的精髓和核心价值；另一方面，也需要根据现代社会的实际情况和需求，对传统美德进行创新和发展。

然而，在实际操作中，往往难以找到传统与现代的平衡点。有时过于强调传统而忽略了现代社会的需求；有时又过于追求现代而忽视了传统美德的精髓。这种矛盾，使得传统美德的传承变得困难重重。

为了解决这一难题，需要加强对传统美德的研究和理解，深入挖掘其中的精髓和核心价值。同时，还需要关注现代社会的实际情况和需求，寻找传统与现代的结合点。只有这样，才能在保留传统美德精髓的同时，也使其适应现代社会的发展需求。

（四）传承人的缺失与断层

在传承传统美德的过程中，传承人的缺失与断层，也是一个不容忽视的问题。随着老一辈传承人的离世或退出舞台，许多传统美德正面临着失传的风险。同时，年轻一代对于传统美德的认识和了解也相对较少，缺乏对传统美德的认同感和归属感。

为了应对这一挑战，需要加强对传承人的培养和支持。可以通过建立传承人档案、举办传承人培训班等方式，来发现和培养新的传承人。同时，还需要加强对年轻一代的教育和引导，让他们了解并认同传统美德的价值和意义。只有这样，才能确保传统美德代代相传、发扬光大。

第三节　传统美德创新的策略与方法

一、创新传统美德的指导思想

（一）坚持传统与现代相结合的原则

在创新传统美德的过程中，首先要坚持传统与现代相结合的原则。这一原则要求我们在保持传统美德核心价值的基础上，结合现代社会的实际情况和发展需求，对传统美德进行有选择的继承和发展。通过融合现代元素和时代精神，使传统美德在现代社会中焕发出新的生机和活力。

具体而言，我们可以从这几个方面着手：一是深入挖掘传统美德中的精髓和核心价值，明确其对现代社会发展的重要意义；二是关注现代社会的需求和变化，结合实际情况对传统美德进行有选择的继承和发展；三是在传承过程中注重创新，将传统美德与现代元素相结合，创造出具有时代特色的新型美德。

通过坚持传统与现代相结合的原则，可以确保传统美德的传承和发展不会脱离时代背景，同时，也能够更好地满足现代社会的需求。

（二）注重个性化和多元化的发展

在创新传统美德的过程中，还要注重个性化和多元化的发展。这一原则要求我们在传承传统美德时，尊重每个人的个性和差异，鼓励人们根据自己的特点和需求去发展和践行传统美德。同时，也要关注社会的多元化需求，为不同群体提供多样化的传统美德传承方式和途径。

具体而言，可以从这几个方面着手：一是鼓励人们根据自己的兴趣和特长去发展传统美德，如通过志愿服务、公益活动等方式践行传统美德；二是针对不同群体的需求和特点，设计不同的传统美德传承项目和活动，如针对青少年的传统美德教育课程、针对老年人的传统美德讲座等；三是借助现代科技手段，如互联网、社交媒体等，为传统美德的传承提供多样化的平台和渠道。

通过注重个性化和多元化的发展，可以使传统美德的传承更加符合人们的实际需求和心理特点，提高传承的针对性和有效性。

（三）强化实践性和体验性的教育

在创新传统美德的过程中，还要强化实践性和体验性的教育。这一原则要求我们在传承传统美德时，要注重通过实践活动和亲身体验来增强人们对传统美德的理解和认同。通过亲身参与和体验，人们可以更加深入地了解传统美德的内涵和价值，从而更加自觉地践行传统美德。

具体而言，可以从这几个方面着手：一是设计具有实践性和体验性的传统美德教育活动，如组织社区服务、环保行动等；二是鼓励人们积极参与各种传统美德实践项目，如参加传统文化节、传统手工艺制作等；三是借助现代科技手段，如虚拟现实、增强现实等，为人们提供更加真实、生动的传统美德体验。

通过强化实践性和体验性的教育，我们可以使传统美德的传承更加生动、有趣，增强人们的参与感和归属感，提高传承的效果和影响力。

（四）推动国际交流与合作

在创新传统美德的过程中，还要推动国际交流与合作。这一原则要求我们在传承传统美德时，要具有开放的心态和全球视野，积极与国际社会进行交流和合作，共同推动传统美德的创新和发展。

具体而言，可以从这几个方面着手：一是加强与国际社会的文化交流和合作，如举办国际文化交流活动、参加国际文化展览等；二是借鉴国际社会的成功经验和做法，如学习其他国家的传统文化保护和传承方式、借鉴其他国家的道德教育经验等；三是积极参与国际文化合作项目，如参与世界文化遗产保护项目、推动跨国文化合作等。

通过推动国际交流与合作，可以使传统美德的传承更加开放、包容，拓宽传承的视野和渠道，提高传承的国际化水平和影响力。

二、创新传统美德的路径选择

（一）深入挖掘传统美德的时代价值

在创新传统美德的过程中，首先需要深入挖掘其时代价值。传统美德作为中华民族的精神瑰宝，不仅蕴含着深厚的文化底蕴，还具有重要的时代意义。为了使其在现代社会焕发新的活力，需要从多个角度审视和解读传统美德，挖掘其与现代社会的契合点。

具体来说，可以通过这些方式实现：一是加强对传统美德的研究，了解其历史演变和内涵变化，从而把握其时代价值；二是结合现代社会的需求和挑战，分析传统美德在现代社会中的适用性和发展潜力；三是借助现代传播手段，广泛宣传传统美德的时代价值，提高公众对其的认同感和接受度。

通过深入挖掘传统美德的时代价值，可以为其创新提供坚实的理论基础和依据，确保创新的方向和路径符合时代发展的需要。

（二）融合现代元素，打造新型美德体系

在创新传统美德的过程中，需要积极融合现代元素，打造具有时代特色的新型美德体系。这要求在保持传统美德核心价值的基础上，结合现代社会的特点和需求，对传统美德进行创新和改造。

具体来说，可以通过这些方式实现：一是将传统美德与现代社会的价值观念相结合，形成符合时代潮流的新型美德；二是将传统美德与现代科技相结合，利用现代科技手段推动传统美德的传承和发展；三是将传统美德与现代社会的生活方式相结合，使其更好地融入人们的日常生活中。

通过融合现代元素，打造新型美德体系，可以使传统美德更加符合现代社会的需求和特点，提高其适应性和生命力。

（三）开展多元化的传承活动

为了有效地传承和创新传统美德，需要开展多元化的传承活动。这些活动应该结合不同年龄、不同群体的特点和需求，采用多样化的形式和内容，

以吸引更多的人参与到传统美德的传承和创新中来。

具体来说，我们可以开展这些类型的活动：一是面向青少年的传统文化教育活动，如举办传统文化节、开设传统文化课程等；二是面向成年人的社区文化活动，如组织传统手工艺制作、举办传统音乐舞蹈演出等；三是面向国际友人的文化交流活动，如举办国际文化展览、开展跨国文化交流项目等。

通过开展多元化的传承活动，可以让更多的人了解和接触到传统美德，提高其普及度和影响力。同时，这些活动也可以为传统美德的创新提供灵感和动力，推动其不断发展。

（四）加强制度建设和政策支持

为了保障传统美德的传承和创新顺利进行，需要加强制度建设和政策支持。这包括制定相关法规和政策、提供资金和资源支持以及加强组织和管理等方面。

具体来说，可以采取这些措施：一是制定相关法规和政策，明确传统美德传承和创新的地位和作用，为其提供法律保障；二是提供资金和资源支持，鼓励社会各界投入传统美德的传承和创新中；三是加强组织和管理，建立健全的传承机制和创新机制，确保传统美德的传承和创新顺利进行。

通过加强制度建设和政策支持，可以为传统美德的传承和创新提供有力的保障和支持，推动其不断发展壮大。同时，这也有助于提高公众对传统美德的认同感和尊重度，促进社会的和谐发展。

三、传统美德与现代元素的结合

（一）传统价值与现代理念的融合

传统美德承载着丰富的历史和文化价值，这些价值在当今社会依然具有重要的指导意义。然而，随着时代的变迁和社会的发展，人们的价值观念也在不断地更新和变化。因此，在传承传统美德的过程中，需要将传统价值与现代理念进行融合，使其更加符合现代社会的需求和特点。

首先，需要认识到传统美德中的核心价值，如诚信、仁爱、尊老爱幼等，这些价值在现代社会中仍然具有普遍的适用性和重要性。同时，我们也要关注现代社会的价值观念，如平等、自由、创新等，这些价值观念在当今社会被广泛接受和推崇。通过将传统价值与现代理念相融合，我们可以找到传统美德与现代社会的契合点，推动传统美德在现代社会中的传承和发展。

在具体实践中，可以通过各种方式来实现传统价值与现代理念的融合。例如，在教育领域，可以在课程设置和教学内容中融入传统美德的元素，同时，结合现代社会的需求和特点，引导学生形成正确的价值观和道德观。在企业文化建设中，我们也可以将传统美德中的诚信、责任等价值观念与现代企业管理理念相结合，打造具有中国特色的企业文化。

（二）传统形式与现代科技的结合

在传承和弘扬传统美德的过程中，不仅要关注其内容的传承，还要注重其形式的创新。通过将传统形式与现代科技进行结合，可以为传统美德的传承和发展注入新的活力。

首先，可以利用现代科技手段保护和传承传统文化遗产。例如，通过数字化技术对传统文化进行数字化存储和展示，可以使其更好地保存下来并传播给更多的人。同时，也可以通过虚拟现实、增强现实等技术手段，为人们提供更加真实、生动的传统文化体验。

其次，可以将传统形式与现代科技相结合，创造出新的传承方式。例如，在传统文化教育中，可以利用互联网、社交媒体等现代科技手段，开展线上教育活动，让更多的人能够接触和了解传统美德。同时，也可以通过开发传统文化相关的游戏、应用等，让人们在娱乐中学习和传承传统美德。

（三）传统精神与现代生活的融合

传统美德不仅是历史的传承，更是现代生活的精神支柱。在传承和弘扬传统美德的过程中，需要将其中的传统精神与现代生活相融合，让传统美德成为现代生活的重要组成部分。

首先，需要在日常生活中践行传统美德中的精神品质。例如，在人际交往中注重诚信、友善、尊重等品质；在工作中注重责任、担当、创新等精神；在家庭中注重孝道、和睦、关爱等美德。通过将这些传统美德的精神、品质融入日常生活中，我们可以让传统美德成为现代生活的重要支撑。

其次，我们需要在现代生活中寻找和创造与传统美德相契合的场景和机会。例如，在节日庆典中融入传统文化元素；在社区活动中开展传统文化体验活动；在企业文化建设中注重传统文化精神的传承等。通过这些方式，我们可以让传统美德与现代生活更加紧密地结合在一起，推动传统美德在现代社会中的传承和发展。

（四）传统智慧与现代治理的结合

传统美德中蕴含着丰富的治理智慧，这些智慧对于现代社会的治理具有重要的借鉴意义。通过将传统智慧与现代治理相结合，我们可以为现代社会的治理提供新的思路和方法。

首先，我们可以从传统美德中汲取治理智慧。例如，在治理过程中注重以人为本、以德治国等原则，在决策过程中注重民主、公正、公平等价值观念，在调解纠纷过程中注重和谐、谅解、包容等精神品质。这些传统智慧，可以为现代社会的治理提供重要的参考和借鉴。

其次，我们可以将传统智慧与现代治理体系相结合，形成具有中国特色的现代治理体系。例如，在法治建设中注重传统道德的作用，在社会治理中注重家庭、社区等基层组织的作用，在经济发展中注重可持续发展等原则。通过将这些传统智慧与现代治理体系相结合，可以推动现代社会治理更加符合国情和民情，实现社会的和谐稳定和可持续发展。

四、创新方法的实施与评估

（一）创新方法的实施策略

在创新传统美德的过程中，实施策略的选择至关重要。一个有效的实施策略，能够确保创新方法顺利推进，并达到预期的效果。

首先，需要明确创新的目标和愿景。这包括确定传统美德创新的具体方向、预期成果以及长远规划。明确的目标能够为实施策略的制定提供指导。

其次，需要制订详细的实施计划。这包括确定实施的时间表、人员分工、资源分配等。实施计划应该具有可行性和可操作性，确保每个环节都能得到充分的重视和执行。

再次，我们还需要建立有效的沟通机制。创新传统美德的过程需要各方的共同参与和协作，因此，建立有效的沟通机制至关重要。通过定期召开会议、分享进展、讨论问题等方式，确保各方能够及时了解创新进展，共同推动创新工作的进行。

最后，我们需要关注实施的可持续性。创新传统美德是一个长期的过程，需要持续不断地推进和完善。因此，我们需要关注实施的可持续性，确保创新方法能够在未来得到持续的应用和发展。

（二）创新方法的实施过程管理

创新方法的实施过程管理是保证创新活动顺利进行的关键环节。我们需要对实施过程进行全程监控和管理，确保每个环节都能够按照计划进行。

首先，我们需要建立严格的实施标准。这些标准应该包括实施过程中的各项要求、指标和评估标准。通过明确的标准，我们可以对实施过程进行量化和评估，确保创新活动的质量和效果。

其次，我们需要进行定期的进度检查。通过定期召开会议、收集数据、分析进展等方式，了解创新活动的进展情况，及时发现和解决问题。进度检查应该具有及时性和针对性，确保问题能够得到及时解决。

再次，我们还需要关注风险管理。创新过程中难免会遇到各种风险和挑战，我们需要提前进行风险评估和制定应对策略。通过有效的风险管理，我们可以降低创新活动的风险，确保创新工作顺利进行。

最后，我们需要建立激励机制。创新活动需要激发人们的积极性和创造力，因此，需要建立有效的激励机制。通过奖励、表彰、晋升等方式，激发人们的创新热情，推动创新工作的不断发展。

（三）创新成果的评估与反馈

创新成果的评估与反馈是检验创新活动效果的重要环节。我们需要对创新成果进行全面的评估，了解创新活动的效果和成果，为未来的创新工作提供有益的参考。

首先，我们需要建立科学的评估体系。评估体系应该包括评估指标、评估方法和评估标准等，能够全面反映创新活动的效果和成果。评估指标应该具有针对性和可操作性，能够准确反映创新活动的实际情况。

其次，我们需要进行定期的评估工作。通过收集数据、分析情况、撰写评估报告等方式，对创新活动进行定期评估。评估工作应该具有全面性和客观性，能够真实反映创新活动的成果和效果。

最后，我们还需要关注评估结果的反馈。评估结果应该及时反馈给相关人员和部门，为未来的创新工作提供有益的参考和借鉴。通过反馈机制，我们可以及时发现问题和不足，为未来的创新工作提供改进的方向和思路。

（四）创新方法的持续优化与改进

创新方法的持续优化与改进是推动创新工作不断发展的关键环节。我们需要根据评估结果和反馈意见，对创新方法进行持续的优化和改进。

首先，我们需要对创新方法进行全面的分析和总结。通过回顾创新过程、分析创新成果、总结经验教训等方式，了解创新方法的优点和不足。这有助于我们更加清晰地认识创新方法的特点和局限性，为后续的改进提供有益的参考。

其次，我们需要根据评估结果和反馈意见，制订具体的改进方案。改进方案应该具有针对性和可操作性，能够针对创新方法的不足进行改进。同时，改进方案也应该具有前瞻性和创新性，能够推动创新方法的持续优化和发展。

最后，我们需要建立持续改进的机制。创新方法是一个不断发展和变化的过程，我们需要建立持续改进的机制，确保创新方法能够不断适应时代的变化和发展。通过持续的改进和优化，可以使创新方法更加符合实际需要，推动创新工作的不断发展和进步。

五、传统美德在国际交流中的传播

（一）传播背景与意义

在全球化的今天，国际交流日益频繁，不同文化间的碰撞与融合成为常态。传统美德作为中华民族文化的瑰宝，在国际交流中扮演着举足轻重的角色。传播和弘扬传统美德，不仅有助于增进国际社会对中国的了解和认同，还能促进不同文化间的和谐共处和共同发展。

传统美德的传播背景主要体现在两个方面：一方面，随着中国综合国力的不断提升，国际社会对中国文化的关注度越来越高，这为传统美德的传播提供了广阔的空间；另一方面，面对全球化带来的挑战和机遇，中国传统文化需要通过国际交流来寻找新的发展机遇，实现自我更新和发展。

传统美德在国际交流中的传播具有重要意义。首先，它有助于增强国家文化软实力，提升中国的国际形象。通过传播传统美德，可以展现中华民族的文化魅力和精神风貌，增强国际社会对中国的认同感和好感度；其次，传统美德的传播可以促进不同文化间的交流与互鉴，增进国际友谊和合作。通过了解和欣赏不同文化中的优秀元素，可以促进文化多样性的发展，推动人类文明的共同进步。

（二）传播方式与途径

传统美德在国际交流中的传播需要借助多种方式和途径，下面将从四个方面进行分析。

1. 文化交流活动

通过举办中外文化交流活动，如文艺演出、讲座、展览等，向国际社会展示中国传统文化的魅力。这些活动，可以通过精彩的表演和翔实的介绍，让国际观众亲身感受中国传统美德的独特魅力。

2. 文化展览

举办中国传统文化艺术展览，展示中国的书画、陶瓷、工艺品等艺术品，让国际观众近距离了解和欣赏中国的传统艺术。这些艺术品中蕴含着丰富的传统美德元素，可以让观众更深入地了解中华文化的精髓。

3. 影视作品推广

通过国际影视合作，将中国传统文化的精华融入影视作品，打造具有国际影响力的优秀电影和电视剧。影视作品是跨越国界的文化传播媒介，通过它们，可以让更多的国际观众了解和欣赏中国传统美德。

4. 教育培训与交流

加强国际教育培训与交流，推动中国传统美德在国际社会的传承与发展。可以通过开设中文课程、举办文化讲座、开展师资培训等方式，让更多的外国人了解和学习中国传统文化。

（三）传播效果与影响

传统美德在国际交流中的传播效果与影响是显著的。通过广泛的传播和深入的推广，中华传统美德在国际社会中得到了广泛的认同和赞赏。这种认同和赞赏，不仅体现在国际社会对中国的文化认同上，还体现在国际社会对中国的政治、经济、社会等方面的认同和赞赏上。

同时，传统美德的传播也对国际文化交流产生了积极的影响。它促进了不同文化间的交流与互鉴，推动了文化多样性的发展。通过了解和欣赏不同文化中的优秀元素，可以增进国际友谊和合作，推动人类文明共同进步。

（四）面临的挑战与对策

传统美德在国际交流中的传播也面临着一些挑战。例如语言障碍、文化差异、政治因素等，都可能对传统美德的传播造成一定的影响。为了应对这些挑战，我们需要采取以下对策。

1. 加强外语培训

提高人们的语言沟通能力，拓宽文化交流的范围。通过加强外语培训，可以让更多的人掌握外语技能，更好地进行国际交流。

2. 尊重文化差异

在传播传统美德的过程中，要尊重不同文化间的差异和独特性。通过了解和欣赏不同文化中的优秀元素，可以促进文化多样性的发展。

3. 借助国际平台

积极利用国际平台和渠道进行传统美德的传播和推广。例如，可以利用国际社交媒体、网络论坛等渠道，进行广泛的宣传和推广。

4. 加强政策支持

政府应加大对传统美德传播的支持力度，制定相关政策措施，推动传统文化在国际社会中的传承和发展。

总之，传统美德在国际交流中的传播是一项长期而艰巨的任务。需要采取多种方式和途径进行广泛的传播和深入的推广，让中华传统美德在国际社会中发扬光大。

六、传统美德在新技术环境下的应用

（一）新技术环境对传统美德应用的推动作用

随着科技的飞速发展，新技术环境为传统美德的应用提供了更为广阔的舞台和更加高效的手段。互联网、人工智能、虚拟现实等技术的普及和应用，不仅改变了人们的生活方式，也为传统美德的传承和弘扬带来了新的机遇。

首先，新技术环境使得传统美德的传播更加便捷和广泛。通过互联网平台，人们可以轻松获取和传播传统美德的相关信息，打破地域和时间的限制，实现全球范围内的共享和交流。这不仅提高了传统美德的知名度和影响力，也促进了不同文化间的交流与融合。

其次，新技术环境为传统美德的教育和普及提供了新的途径。在线教育平台、虚拟现实技术等手段，使得传统美德的教育更加生动、直观和有趣。通过这些方式，人们可以更加深入地了解传统美德的内涵和价值，提高对传统美德的认同感和尊重度。

最后，新技术环境还为传统美德的实践和应用提供了更多可能性。例如，人工智能技术可以帮助人们更好地践行传统美德，如通过智能机器人提供敬老尊贤的服务、通过大数据分析实现公正公平的社会管理等。这些应用不仅提高了传统美德的实用性，也推动了社会的和谐稳定和发展进步。

（二）传统美德在新技术环境下的创新应用

在新技术环境下，传统美德的应用也呈现出一些创新性的特点。这些创新性应用不仅丰富了传统美德的内涵，也提高了传统美德在现代社会中的适应性和生命力。

首先，传统美德在新技术环境下的创新应用体现在文化产品的创新上。通过新技术手段，人们可以创作出更多具有传统美德元素的文化产品，如以传统美德为主题的动漫、游戏、电影等。这些文化产品不仅具有娱乐性，还能够传递传统美德的价值观和精神内涵，引导人们树立正确的道德观念和行为准则。

其次，传统美德在新技术环境下的创新应用体现在社会管理的创新上。例如，通过大数据和人工智能技术，可以实现社会管理的智能化和精准化。

这不仅能够提高社会管理的效率和质量，还能够更好地践行传统美德中的公正公平、诚实守信等原则，推动社会的和谐稳定和发展进步。

最后，传统美德在新技术环境下的创新应用还体现在日常生活的创新上。例如，智能家居、智能穿戴设备等技术的应用，使得人们可以更加方便地践行传统美德中的勤俭节约、尊老爱幼等原则。这些应用，不仅提高了人们的生活质量，也促进了传统美德在现代社会中的传承和发展。

（三）新技术环境下传统美德应用的挑战与对策

虽然新技术环境为传统美德的应用带来了诸多机遇，但也存在着一些挑战。例如，技术更新换代迅速，如何保持传统美德的稳定性和连续性；技术应用的泛化，可能导致传统美德的庸俗化和娱乐化等问题。为了应对这些挑战，我们需要采取以下对策。

首先，加强传统美德的传承和教育。通过学校教育和家庭教育等途径，提高人们对传统美德的认知和理解，增强对传统美德的认同感和尊重度。

其次，注重技术的选择与运用。在利用新技术手段传播和应用传统美德时，应注重技术的选择与运用，避免技术的滥用和误用。同时，应加强对新技术的研发和应用，推动新技术与传统美德的深度融合。

最后，加强国际交流与合作。通过加强国际交流与合作，借鉴其他国家和民族在新技术环境下传承和弘扬传统美德的成功经验和做法，共同推动传统美德在全球范围内的传承和发展。

七、传统美德未来发展的预测与展望

（一）文化认同与传统美德的复兴

随着全球化的深入推进和各国文化的交流互鉴，文化认同问题越发受到人们的关注。在这样的背景下，传统美德作为中华文化的重要组成部分，其复兴的趋势越发明显。未来，随着国民文化自信的增强，传统美德将得到更加广泛的认同和传承。人们将更加注重传统美德的价值，将其融入日常生活中，以此来体现自己的文化认同和精神追求。

在文化认同的推动下，传统美德的复兴将不仅局限于国内，而将扩展到全球范围。随着中国国际地位的提升和中华文化的传播，传统美德将成为中华文化走向世界的重要载体。通过国际交流和文化传播，传统美德将被更多国家和人民了解和认同，成为连接不同文化、不同民族的桥梁。

（二）科技创新与传统美德的融合

随着科技的飞速发展，新技术环境为传统美德的应用提供了更多的可能性。未来，科技创新与传统美德的融合将成为一种趋势。通过利用人工智能、大数据、虚拟现实等新技术手段，我们可以更加深入地挖掘传统美德的内涵和价值，将其以更加生动、直观的方式呈现给公众。

例如，通过虚拟现实技术，我们可以模拟古代社会的场景和氛围，让公众身临其境地感受传统美德的魅力。通过人工智能技术，我们可以开发出具有传统美德元素的智能机器人、智能家居等产品，让传统美德融入人们的日常生活中。这些创新应用，将使得传统美德更加贴近人们的实际需求，提高其在现代社会中的实用性和生命力。

（三）教育引导与传统美德的培育

教育是传承和弘扬传统美德的重要途径。未来，随着教育改革的深入推进，传统美德的培育将受到更多的重视。在教育过程中，我们将更加注重培养学生的道德品质和社会责任感，引导他们树立正确的价值观和行为准则。

同时，我们还将注重将传统美德与现代教育理念相结合，创新教育方式和方法。例如，通过案例教学、角色扮演等方式，让学生在实践中体验和感悟传统美德的内涵和价值。此外，我们还将加强家庭教育的作用，通过家庭教育来引导学生形成良好的道德品质和行为习惯。

（四）国际交流与传统美德的推广

国际交流是推广和传承传统美德的重要途径。未来，随着中国国际地位的提升和中华文化的传播，传统美德将在国际舞台上发挥更加重要的作用。通过国际文化交流活动、文化展览、影视作品传播等方式，我们可以将传统美德展示给全球观众，增进他们对中华文化的了解和认同。

同时，我们还将加强与其他国家和民族的文化交流与合作，共同推动人类文明的进步和发展。通过借鉴其他国家和民族在传承和弘扬传统美德方面的经验和做法，我们可以更好地推动传统美德在全球范围内的传播和推广。此外，我们还将注重培养具有国际视野的传统文化人才，让他们成为推广和传承传统美德的重要力量。

总之，传统美德在未来的发展中将呈现出更加广阔的前景和更加重要的价值。通过文化认同、科技创新、教育引导和国际交流等途径，传统美德将得到更加广泛的传承和弘扬，成为推动社会和谐稳定、促进人类文明进步的重要力量。

第四节　传统美德传承与创新的社会责任与使命

一、社会各界在传承与创新中的责任

（一）教育机构的引领与培养责任

教育机构在传承与创新传统美德中扮演着至关重要的角色。首先，学校作为教育的主阵地，应承担起引领和培养的责任。通过课程设置和教材编写，将传统美德融入日常教学中，使学生从小就接受传统美德的熏陶。同时，学校还可以通过开展各类文化活动、讲座和主题班会等形式，加深学生对传统美德的理解和认同；其次，高等教育机构也应发挥其在传承与创新中的引领作用。通过开设相关专业和课程，培养一批具备传统美德素养和创新能力的人才。这些人才不仅能够在学术研究上有所建树，更能够在社会实践中传播和弘扬传统美德，推动其创新发展。

（二）政府部门的支持与引导责任

政府部门在传承与创新传统美德中发挥着重要的支持和引导作用。首先，政府应当制定相关政策法规，为传统美德的传承与创新提供制度保障。例如，可以通过设立专项资金、建立奖励机制等方式，鼓励社会各界积极参与传统美德的传承与创新工作；其次，政府部门还应当加强对传统文化资源的保护和管理。通过加强对文化遗产的保护和修复工作，以及对文化市场的监管和规范，确保传统文化资源得到合理的利用和传承；最后，政府部门还可以组织各类文化活动和文化交流，推动传统文化的传播和创新发展。

（三）企业界的实践与创新责任

企业界在传承与创新传统美德中同样肩负着重要的责任。首先，企业应当注重企业文化建设，将传统美德融入企业文化中，形成具有企业特色的道德规范和价值观。这不仅有助于提升企业的凝聚力和向心力，还有助于塑造企业的良好形象，提升企业的品牌价值；其次，企业还应当积极探索传统美德在现代企业管理中的应用。通过引入传统美德中的诚信、责任、创新等理念，指导企业的决策和行为，推动企业实现可持续发展；最后，企业还可以通过开展公益活动、支持文化事业等方式，积极履行社会责任，为传统美德的传承与创新贡献力量。

（四）社会组织的参与与推广责任

社会组织在传承与创新传统美德中也扮演着不可忽视的角色。首先，各类社会组织应当积极参与到传统美德的传承与创新工作中来。通过组织各类文化活动、开展志愿服务、举办文化讲座等方式，推动传统美德在社会各界的广泛传播和深入普及；其次，社会组织还应当发挥其在资源整合和协调方面的优势。通过整合各类资源，搭建平台，为传统美德的传承与创新提供有力支持；最后，社会组织还可以加强与其他国家和地区的交流与合作，推动传统美德在全球范围内的传播。

总之，社会各界在传承与创新传统美德中都承担着重要的责任。只有各方共同努力、形成合力，才能够推动传统美德在现代社会中的创新发展，为构建和谐社会、促进人类文明进步做出积极贡献。

二、个人在传承与创新传统美德中的作用

（一）个体的学习与实践责任

在个人层面，学习和实践传统美德是每个个体的责任和义务。首先，个体需要主动学习传统美德的精髓和内涵，通过阅读经典文献、参与文化活动、

听取专家讲座等方式，深入了解传统美德的历史渊源、思想内涵和时代价值。通过不断学习，个体能够逐渐领会传统美德的深刻意义，形成正确的道德观念和行为准则；其次，个体需要将传统美德融入日常生活中去实践。传统美德不仅是一种理论或观念，更是一种生活方式和行为习惯。个体需要在日常生活中积极践行传统美德，如尊敬师长、诚实守信、团结友爱等，通过这些实践行为，将传统美德内化为自己的行动指南。

（二）个体的传播与影响责任

个体在传承与创新传统美德的过程中，还承担着传播和影响的责任。首先，个体可以通过自己的言行举止，向周围的人传递传统美德的价值观和精神内涵。个体的行为往往能够影响身边的人，通过个体的努力，可以带动更多的人参与到传统美德的传承与创新中来；其次，个体还可以利用现代科技手段，如社交媒体、网络平台等，将传统美德传播到更广泛的领域。通过发布文章、分享经验、参与讨论等方式，个体可以将自己对传统美德的理解和感悟分享给更多的人，引发更多人的关注和思考。

（三）个体的创新与发展责任

在传承与创新传统美德的过程中，个体还需要承担起创新和发展的责任。首先，个体需要不断探索传统美德与现代社会的结合点，将传统美德的精髓与现代社会的需求相结合，创造出具有时代特色的传统美德新形式。例如，可以将传统美德与现代社会的公益活动、志愿服务等相结合，让传统美德在现代社会中发挥更大的作用；其次，个体还需要不断推动传统美德的创新发展。随着社会的不断进步和发展，传统美德也需要与时俱进、不断创新。个体可以通过自己的思考和努力，为传统美德的创新发展提供新的思路和方案。例如，可以探索传统美德在教育、企业管理等领域的应用模式和方法，推动传统美德在更多领域得到广泛应用和发展。

（四）个体的示范与引领作用

个体在传承与创新传统美德的过程中，还需要承担起示范和引领的责任。首先，个体需要以身作则、率先垂范，通过自己的行为示范，来引领身边的人践行传统美德。个体的行为往往能够影响身边的人，通过个体的示范和引领，可以带动更多的人参与到传统美德的传承与创新中来。其次，个体还需要在更广泛的范围内发挥示范和引领作用。例如，可以通过参与公益活动、志愿服务等方式，为社会树立榜样和标杆；可以通过自己的创作，向更多人展示传统美德的魅力和价值；可以通过自己的言行举止，在国际舞台上展示中国人的传统美德和良好形象。通过个体的示范和引领，可以推动传统美德在全球范围内的传播。

三、政府在传承与创新传统美德中的引导与支持

（一）政策制定与引导

政府在传承与创新传统美德中扮演着至关重要的角色，首先体现在政策制定与引导方面。政府应当根据社会发展的实际情况，制定一系列有利于传统美德传承与创新的政策。这些政策应当包括对传统美德教育的重视，将传统美德教育纳入国民教育体系，从儿童时期开始培养对传统文化的认知和尊重。同时，政府还可以通过设立传统文化传承创新基金，鼓励和支持个人、组织和企业参与传统文化的保护与创新工作。此外，政府在政策制定时还要考虑到现代社会的特点和需求，将传统美德与现代社会的价值观相结合，推动传统美德的创新发展。例如，可以制定相关政策，鼓励在企业文化、社区服务、公益活动中融入传统美德元素，让传统美德在现代社会中焕发新的活力。

（二）资源投入与支持

政府在传承与创新传统美德中还需要投入大量资源，提供必要的支持。首先，政府应当加大对传统文化资源的保护和修复力度，确保传统文化遗产得到妥善保存。这包括对传统建筑、文物、古籍等的保护和修复工作，以及对非物质文化遗产的传承和保护；其次，政府还需要加大对传统文化教育资源的投入。这包括为中小学和高校提供传统文化教材、教学设备和师资力量，以及为传统文化研究机构提供资金支持。通过资源投入，政府可以推动传统文化教育的普及和提高，为传统美德的传承与创新提供有力保障。

（三）文化推广与交流

政府在传承与创新传统美德中还需要积极推广和交流传统文化。首先，政府可以通过举办各类文化活动、展览和演出等，向公众展示传统文化的魅力和价值。这些活动可以包括传统戏曲、民乐、书法、绘画等表演和展示，以及传统文化讲座和研讨会等；其次，政府还需要加强与其他国家和地区的文化交流与合作。通过国际文化交流和合作，政府可以推动传统文化的国际传播和认同，让更多的人了解和喜爱中华传统文化；最后，政府还可以通过引进外国优秀的文化元素和创新理念，推动传统文化的创新发展。

（四）监管与评估

政府在传承与创新传统美德中还需要加强监管和评估工作。首先，政府需要建立健全的文化市场监管机制，打击各类违法违规的文化活动和行为。这包括打击盗版、侵权等违法行为，保护传统文化知识产权。同时，还需要加强对文化市场的监管和管理，确保文化市场的健康发展；其次，政府还需要建立传统文化传承与创新的评估机制。通过对传统文化传承与创新工作的评估和监督，政府可以及时了解工作进展和成效，发现问题和不足，并采取相应的措施加以改进。评估结果可以作为政策制定和调整的依据，为传统文化的传承与创新提供有力的支持。

四、共同推动传统美德传承与创新的使命与担当

（一）形成全社会共识，凝聚传承创新力量

共同推动传统美德传承与创新的首要任务，是形成全社会对传统美德价值的广泛共识。这一共识的达成需要政府、教育机构、企业、社会组织以及个人等各方共同努力。政府应发挥政策引领和舆论导向作用，通过宣传教育、政策扶持等手段，营造全社会尊重、珍视和传承传统美德的良好氛围；教育机构应把传统美德教育融入教育体系，从儿童时期就开始培养对传统文化的认知和尊重；企业和社会组织则可以通过开展各类公益活动、志愿服务等方式，践行传统美德，传播正能量；个人则应自觉学习、践行传统美德，将其内化为自身的道德准则和行为规范。

在形成共识的基础上，各方需要凝聚起传承、创新的强大力量。政府应加大投入，支持传统文化的研究、保护和传承工作；教育机构应不断创新教学方法和手段，提高传统美德教育的质量和效果；企业应发挥创新主体作用，将传统美德融入企业文化和品牌建设中；社会组织应发挥桥梁纽带作用，促进传统文化的国际交流与合作。只有全社会共同参与、共同发力，才能推动传统美德的传承与创新不断向前发展。

（二）深化理论研究，挖掘传统美德时代价值

共同推动传统美德的传承与创新，需要不断深化对传统美德的理论研究。理论研究是传承与创新的基础和前提，只有深入了解传统美德的历史渊源、思想内涵和时代价值，才能更好地进行传承与创新。因此，政府应加大对传统文化研究的支持力度，鼓励专家学者深入研究传统美德的相关问题；教育机构应开设相关课程，培养一批具备传统文化素养的专业人才；企业和社会组织也可以结合自身实际，开展相关研究和探索。

在理论研究的基础上，需要深入挖掘传统美德的时代价值。传统美德是中华民族的精神瑰宝，蕴含着丰富的思想智慧和道德力量。在新的历史条件下，传统美德仍然具有重要的时代价值。例如，诚信、友善、敬业等美德对于构建和谐社会、推动经济发展都具有重要意义。因此，我们需要在传承中不断创新，将传统美德的时代价值与现代社会的需求相结合，推动传统美德在现代社会中发挥更大的作用。

（三）创新传承方式，拓宽传承渠道

共同推动传统美德的传承与创新，需要不断创新传承方式和拓宽传承渠道。传统美德的传承方式多种多样，包括口头传承、文字传承、实践传承等。在新的历史条件下，需要结合现代科技手段，创新传承方式，使传统美德能更加生动、直观地呈现给公众。例如，可以利用互联网、社交媒体等新媒体平台，制作和传播关于传统美德的短视频、音频、文章等；可以开发传统文化主题游戏、动漫等文化产品，吸引更多年轻人关注和喜爱传统文化。

同时，还需要拓宽传承渠道，让更多的人有机会接触和了解传统美德。政府可以举办各类文化活动、展览和演出等，向公众展示传统文化的魅力和

价值;教育机构可以在校园内开设传统文化课程和活动,让学生更加深入地了解和学习传统文化;企业和社会组织则可以开展各类公益活动和志愿服务等,将传统美德融入社会实践中。

(四)加强国际交流与合作,推动传统美德走向世界

共同推动传统美德的传承与创新,需要加强国际交流与合作,推动传统美德走向世界。中华文化是世界上最古老、最连续、最辉煌的文化之一,传统美德作为中华文化的重要组成部分,具有独特的魅力和价值。通过加强与其他国家和地区的文化交流与合作,可以让更多的人了解和喜爱中华文化,进而推动传统美德在世界范围内传播。

在国际交流与合作中,我们需要注重:一是要尊重其他国家和地区的文化传统和习俗,以平等、开放、包容的态度进行文化交流;二是要展示中华文化的独特魅力和价值,让更多的人了解和喜爱中华文化;三是要积极参与国际文化事务和活动,为推动世界文化的多样性和繁荣发展贡献中国智慧和中国方案。通过加强国际交流与合作,可以让传统美德在世界范围内得到更好的传承和发展。

参考文献

[1] 柳长云 . 中国传统美德 [M]. 北京：九州出版社 , 2016.

[2] 苏洁 . 中国传统美德文化对道德教育的影响研究 [M]. 西安：陕西科学技术出版社 , 2021.

[3] 任秀桦 . 传统美德故事：中英双语 [M]. 沈阳：辽宁教育出版社 , 2018.

[4] 高建军 . 中国传统美德夜话 [M]. 北京：燕山大学出版社 , 2017.

[5] 王文东 . 中国传统美德体系及其价值 [M]. 天津：天津人民出版社 , 2018.

[6] 杜广强，张鹏 . 中国传统美德十核今议 [M]. 哈尔滨：哈尔滨地图出版社 , 2015.

[7] 刘涛 . 传统美德 [M]. 合肥：黄山书社 , 2016.

[8] 刘涛 . 中华传统美德：英汉对照 [M]. 合肥：黄山书社 , 2013.

[9] 李燕，罗日明 . 中华传统美德 [M]. 北京：海豚出版社 , 2022.

[10] 潘志辉 . 中国传统美德故事 3 尊长篇、友爱篇、勤学篇 [M]. 上海：百家出版社 , 2004.

[11] 张立山，高文英，付金平 . 中华传统美德教育 [M]. 济南：山东人民出版社 , 2021.